第2章 日本麵食文化的演進

第3章 拉麵的萌芽

第4章 從食譜所見的拉麵變遷

第5章 探索拉麵的魅力

第6章 誕生於日本的世界級拉麵

序章
拉麵的魅力與不可思議之處

拉麵的魅力

拉麵是日本人創作而來的中華風和食麵食，要探尋拉麵的源頭，可說是一段不可思議的過程，同時又充滿平民化的魅力。我想應該找不到類似的食物，能跟拉麵相比吧！因此，對於大眾而言，拉麵究竟有何魅力？這是我想加以考究的地方。例如，不小心吃到難吃的拉麵時，腦中往往會立刻浮現「糟了」的慘痛念頭，應該很多人有類似的經驗吧？身為老饕的我，也是其中一位。然而，只要吃到吻合自身喜好或口味的拉麵，不知不覺就會湧現飽足感與滿足感。

講一個筆者身邊的例子吧！記得大約在六、七年前，在千葉縣習志野市的某私鐵車站附近，有一間小小的拉麵店開張，店裡只有四張桌子，吧台的座椅只有五、六把，店裡空間不大，待客服務也不甚周到。我每天散步經過這裡，從窗外窺探店內，出入的客人並不多，但我總是會在意。不過，大概到了兩、三年前，當拉麵店老闆在店門口擺出紅底和印有白色拉麵字樣的三面鮮豔旗幟後，感覺讓人食慾大振，店裡的生意也稍有起色。之後，每到開始營業前，客人已經在店門口大排長龍，這間拉麵店是紺野富夫所開設的「北習大勝軒」。一心一意致力於煮出美味拉麵的他，曾斬釘截鐵地說：「如果只是以賺錢為目的，就無法保持戰戰兢兢的心情，長遠經營下去。」

老闆曾在東京的排隊拉麵名店拜師學藝，熱衷於研究拉麵之道。他所製作的拉麵，調合了豬雞類湯頭（豬大腿骨、雞骨、雞腳、豬腳、豬油）的濃稠味、海鮮類湯頭（鯖魚片、小魚乾）的鮮味、蔬菜甜味的深沉湯頭，以及花上一整天時間熟成的手擀粗麵，加上純釀醬油、柔軟的厚切叉燒肉等，對於製作拉麵持續灌注大量熱情。他對於拉麵的講究與堅持，屢獲了廣大客人的心，因而造就這間拉麵人氣名店，還吸引許多從外縣市遠道而來的忠實顧客，只為了品嚐在此才能吃到的美味拉麵。在店門口排隊的時候，快要輪到自己進入店內時，便產生莫名期待的心情，這是在排隊名店才能體驗的魅力之一。

在日本全國其實還有許多像這樣的拉麵排隊名店，在不知不覺之間，客人就會不小心成為特色拉麵的俘虜。如果成為一位拉麵控或特別喜歡吃拉麵的族群，會發生什麼事呢？無論是颳風下雨或是下雪的日子，會因為著迷於一碗拉麵，而心甘情願排隊等候好幾個小時。此外，今天終於吃到拉麵的滿足感，會轉變成迫不及待，想要再來吃上一碗拉麵的渴望。拉麵的魅力，就是能滿足大眾生活中的某個層面；這些排隊名店的老闆，則是憑藉著旺盛的研發精神與令客人心服口服的味道，製作過程完全不偷工減料，具備誠摯的拉麵職人風範。拉麵製作者的用心，也會傳達到品嚐拉麵者的胃裡，因此有人說：「拉麵是日本人所創造的心之味。」那麼，拉麵是在何時何地由誰發明出來的呢？

東西方的小麥飲食文化

拉麵具有許多難解的魅力之處，筆者會在本書內文努力解開這些不可思議的地方。在此要先偏離正題，略述東西方的小麥飲食文化。

構成拉麵的主要材料為麵條、湯頭、配料。眾所皆知，麵條的主要原料為麵粉，

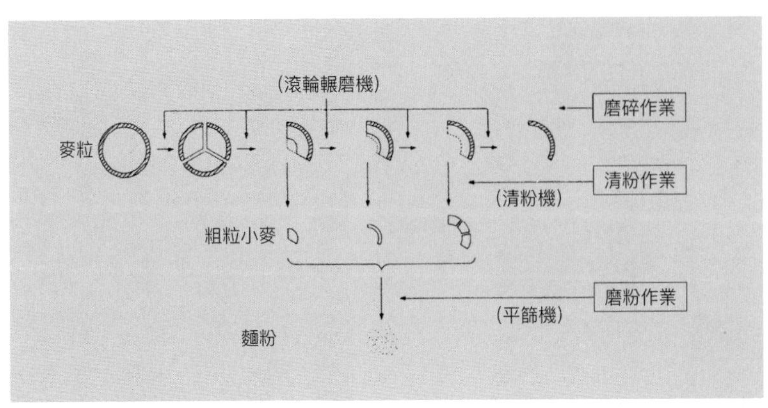

圖1：麵粉的製程
資料出處：《麵粉的故事》製粉振興會

麵粉則是以小麥製成，以下要介紹的內容會稍微偏離主題。在神話世界中，小麥是天神贈予人類的禮物，穀物女神出現於世界各地，創造了以小麥為首的五穀。小麥的原產地為中亞的高原地區，人類開始栽種小麥的時期，據傳要回溯到一萬年前的新石器時代。人類耗費了長遠的時間，終於研發出將小麥研磨成麵粉的方法，並且將麵粉當作麵包、麵食、甜點等食物的材料，為了發明無數的麵粉料理，持續投入永無止盡的執著。

要將小麥研磨成麵粉的方式較為困難，在此比較稻米跟小麥的結構。稻米的外層為稻穀，易於從糠層的外側剝離，只要炊煮米粒就能成為可供食用又好吃米飯。然而，小麥的結構大為不同，其結構宛如螃蟹。小麥內層的胚乳質地柔軟，但外側的麩皮質地堅硬，而且小麥的中心具有深溝，要去除麩皮並不容易。人類為了磨碎小麥堅硬的外皮，經過日積月累的努力，終於研發出現代的麵粉製程。

如同圖1所示，一開始要使用體積巨大的滾輪輾磨機，將一顆顆的小麥裸粒粗磨成粒，接著再用平滑的平篩機，從小麥內側慢慢地取出胚乳，最後經由滾輪裝置以清粉機或過篩的方式分離麩皮與小麥粉。在充滿智慧的磨粉方法得以機械化之前，長年來麵粉被人類視為珍貴的材料。

揉合麵粉與水後，麵粉含有的蛋白質成分會開始膨脹，麵團便產生如同口香糖般的沾黏感，形成所謂的麩質（麵筋），這是米粉或玉米粉所欠缺的不可思議自然界特性。因此，世界各地的民族深受歷史、文化、宗教、地區、氣候風土等條件的影響，建構了獨特的麵粉類食物。

在這些麵粉類食物中，麵包與麵食對於麵粉的調理加工方式，有著難以推估的貢獻。在公元前四千年時期，出現了無發酵的堅硬法式鹹薄餅（galette），古代埃及人則奠定了無發酵麵包和發酵麵包的基礎；身為現代人的我們，持續享用著經過六千年歲月淬鍊的麵包。另一方面，古代中國人創造出將麵粉麵團擀成細長條狀的聰明點子，迎接獨特麵食文化的鼎盛期。像這些人類對於食物所不斷投注的努力足跡，很巧地剛好和埋首於拉麵創作的眾多料理人姿態不謀而合。

製麵的五大智慧

接下來繼續講述製麵的技術，根據《文化麵類學之始》（《文化麵類學ことはじめ》）的記載，將麵團製成細長條狀的方法大致可分為以下五種：①手延拉麵類、②素麵類、③切割麵類、④擠壓麵類、⑤河粉類。

製作手延拉麵時沒有使用任何的器具，而是以手部延展麵團的方式，在製作過程中加入鹽巴或鹼水。本書屢次提到的拉麵就是屬於手延拉麵類，這是在中國山東省、山西省與陝西省常見的技術。在製作素麵的時候，一開始則會在麵粉中加入米粉，並一邊抹油，利用擀麵工具來延展麵團，這是盛行於福建省的技術。製作切割麵時會使用擀麵棍將加入鹽巴的麵團擀薄，再用菜刀將麵團切割成大量的麵條，是最為常見的技術，在中國稱為切麵。製作擠壓麵則是依據原料粉的性質與形狀，沒有產生麩質，在製麵材料中加入糊化的麵糊，或是加壓麵團，在麵條成形後立刻放入熱水水煮，呈現麵線狀。此外，還有使用米粉製成的米粉，以蕎麥粉製成的河漏麵，以綠豆粉製成的粉絲，朝鮮半島的冷麵，義大利的義大利麵等。至於製作河粉時，會先將粳米泡水，再以獨特的手法產生米粉皮膜，屬於米類的切割麵。

拉麵的不可思議之處

雖然繞了一大圈，接下來讓我們再回到拉麵的世界吧！筆者在開頭提及，對於日本人而言，拉麵有幾個魅力之處。然而，從飲食文化的觀點，拉麵還有許多不可思議的地方，可歸納出以下三點。

首先，第一個不可思議之處，是日本古代幾乎沒有拉麵這類的麵食。在日本奈良至平安時代前期，遣唐使從唐朝帶回了「唐菓子」，其中包含拉麵。接著歷經一千四百年的歲月，日本建立了獨特的麵食文化，包含素麵、烏龍麵、蕎麥麵，在這段期間，大量使用油類製成的中國麵食也被大量引進日本。然而，即使到了江戶時代，如同關東的蕎麥麵與關西的烏龍麵，日本人還是偏愛醬油湯頭的清淡麵食，在大街小巷幾乎看不到中國的麵食。到了明治維新，日本人終於打破長達一千兩百年的禁吃肉食傳統，平民開始愛上牛肉鍋、壽喜燒、洋食等料理。但不知為何，拉麵這類的麵食還是遲遲沒有現身。

第二個不可思議之處，是在第二次世界大戰後，日軍從中國撤退回到日本，再次引進中國的餃子和麵食，並且在短時間內普及於日本全國。在戰後的日本飲食文化中，當時的中華拉麵扮演極為重要的角色。

至於第三個不可思議之處，是直到今日，世界各地的人們都能品嚐到拉麵。在擁有使用筷子傳統文化的中國、朝鮮半島、日本等地區，由於盛行麵食，所以拉麵原本就是屬於東方人的食物。如果沒有使用筷子就難以夾起細長的麵條，無法順利進食。但是隨著泡麵的發明，原本習慣使用刀叉進食的歐美人也開始學習使用筷子，使得拉麵普及於世界各地。看似深具民族性的傳統食物，究竟發生了哪些劇烈變化？如同上述，經歷了這些過程後，找不到其他的日本食物能跟拉麵一樣，深受世界各地的接納。

本書的內容著眼於拉麵的誕生，到成為國民人氣美食與世界美食的過程，從縱貫的角度分析拉麵的魅力，以橫斷的角度研究其不可思議之處，並試著探索日本人的飲食觀念。

要探究拉麵的歷史，往往得花上大量的篇幅。首先在本書的第一章，筆者將歸納出作為拉麵前身的中國麵食歷史，並在序章的最後放上中國與日本的略史年表，提供讀者閱讀時一邊對照，從中找出是否有探尋拉麵源頭的方法。在第二章裡，要介紹從中國引進製麵技術的日本，花費一千四百年的歲月，將中國麵食轉變為日本獨特麵食文化的過程。在第三章與第四章，要介紹拉麵的萌芽至誕生的變遷過程，以及各式各樣有關於拉麵的故事，有許多對於拉麵投注莫大熱情的先驅者陸續登場。在第五章，要從各種的角度來檢視拉麵的魅力。第六章的重點為考究由日本人發明的泡麵，為何會在世界各地普及。最後在第七章，要剖析日本在地拉麵與獨創拉麵高人氣的祕密，以及拉麵老闆堅持的風味與讓人欲罷不能的口味，並回顧本書內容做總結。

在進入本書內容之前，筆者要先鄭重聲明，有關於拉麵誕生的過程，為了明確地區分拉麵年史，筆者會下意識地使用南京麵↓支那麵↓中華麵↓拉麵等名稱來區別。但像是支那料理或支那麵等名稱，可能會令人想起那一段不堪回首的歷史，因此筆者在日本原文書中使用片假名「シナ」來取代漢字「支那」。此外，像是年代相異的料理書籍，可能會看到相同名詞卻使用漢字或片假名標記的差別，或是中文的發音方式有不一致的地方，這是為了忠實還原原書史料的內容，如此反而能讓讀者更加了解時代的變遷。最後，有關於食物的發明或創立等人名或日期，雖然存在著不同的說法與見解，筆者在本書所依據的是最具公信力的文獻或多數學者認定的資訊，在此特別說明。

中國與日本的簡史

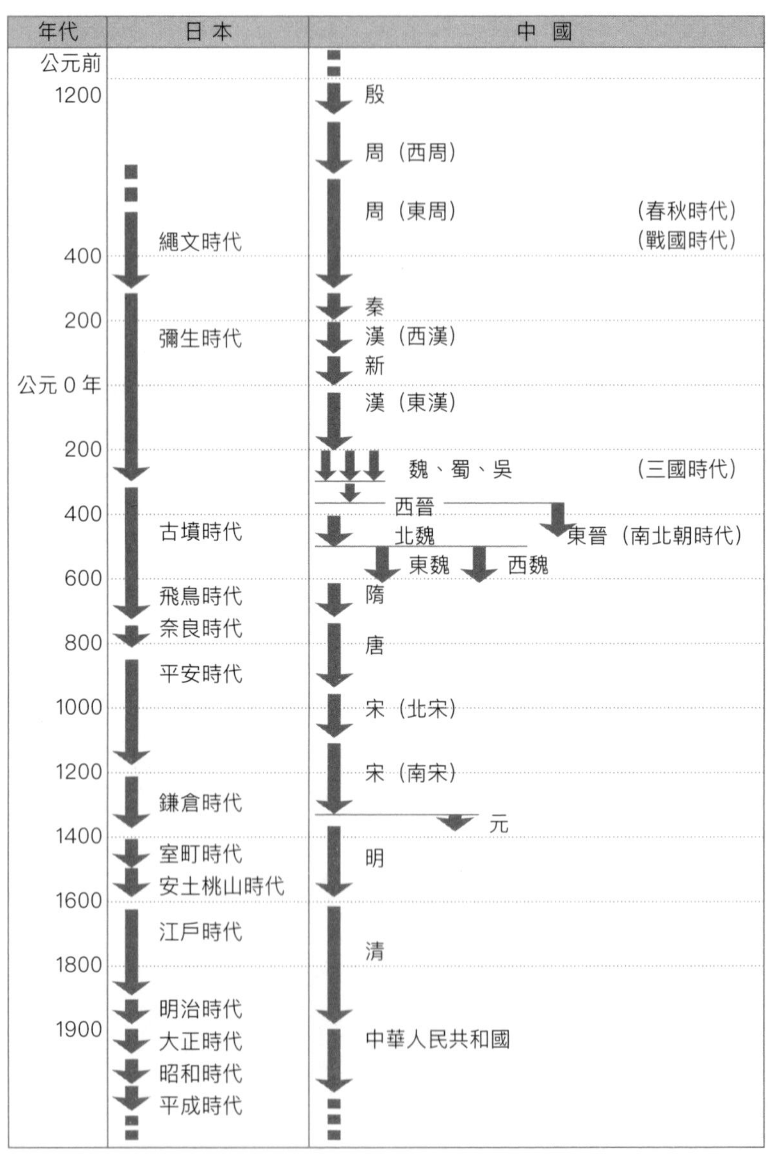
年代
日本
中國
公元前
1200
殷
周（西周）
周（東周）
（春秋時代）
繩文時代
（戰國時代）
400
秦
200
彌生時代
漢（西漢）
新
公元 0 年
漢（東漢）
200
魏、蜀、吳
（三國時代）
西晉
400
古墳時代
北魏
東晉（南北朝時代）
東魏
西魏
600
飛鳥時代
隋
奈良時代
800
唐
平安時代
1000
宋（北宋）
1200
宋（南宋）
鎌倉時代
元
1400
室町時代
明
安土桃山時代
1600
江戶時代
清
1800
明治時代
1900
大正時代
中華人民共和國
昭和時代
平成時代

第 1 章
中國麵食發展簡史

探索拉麵的源頭

故事要先從追尋拉麵的源頭開始，如同筆者在序章提到，拉麵是在何時何地，由何人所發明的呢？雖然試圖收集大量的資料並加以調查，但無法找出一個具有公信力的源頭，可說是一大難題。像是拉麵源自札幌、東京、橫濱等各種說法，只要把當地定為拉麵的源頭，就會產生五花八門的故事。這些故事描述的是拉麵誕生之際，廚師們持續燃燒自身對於料理的熱情，只為了把中華麵食改造成為日本人喜好的口味。因為這些都是誠摯的真實故事，不可能只提及其中一個故事。就像是在探究蕎麥麵的起源時，會聯想到源自信濃、甲州、鹽尻等地區的說法，但在具有公信力的資料尚未出土前，實在難以一分高下。筆者將在第三章詳述留存於日本各地，有關於拉麵誕生的故事。

要探索拉麵的源頭，是相當困難的事情。因此，不妨大幅轉換想法，探究拉麵誕生之前看似複雜的麵食系譜，踏上追溯中國與日本的麵食文化之旅。

如同本書開頭所提到，拉麵是日本人創作而成的中華風和食麵食。由此看來，在江戶時代之前的日本獨特麵食文化中，應該能找到一些有關於拉麵源頭的蛛絲馬跡。更進一步地說，在麵食文化傳至日本的中國麵食中，應該也能找到一些相關的答案。

作為諸多見解之一，在此先提出筆者的結論。如果將製麵的方法大致區分為「麵食的打法」與「麵食的吃法」，就能找出有趣的事實。中國人是在錯誤中反覆摸索，努力尋找出打麵的最佳方法，並且嘗試在麵食中加入肉汁等食材，以製作出迎合中國人口味的麵食。另一方面，日本人吸取了從中國傳來的打麵方法，但沒有全盤接納中國人的麵食吃法，而是將麵食的湯頭換成以味噌或醬油為主體的清淡口味，集大成後開創出日本獨特的吃法。有許多江戶時代的書籍詳細記載麵食的吃法，還包含了用餐禮儀等內容。

換言之，在構成拉麵的製法與材料中，日本人向中國人學習打麵的方法，並自行發明有關於湯頭或配料等吃法，建構了現今的和食麵類料理形態。因此，將麵食文化的發展區分為打麵法與吃法，並比較中國與日本的差異後，日本拉麵的姿態就宛如海市蜃樓般，在遙遠的另一端浮現。拉麵的確是和食麵類料理的終極結晶之一，並誕生出普及於世界各地的泡麵。接下來要介紹一段有關於中國麵食發展的宏偉故事。

中國人對於飲食的執著

中國人自古以來相當重視飲食，在三千多年前就留有研究料理的史料記錄。中國北方的黃河流域孕育了漢族古代文明，從新石器時代開始，經歷了中國最古老的王朝夏朝，以及殷朝的青銅器及鐵器的時代，形成中國飲食文化的源流。

古代中國人大約在多久以前，對於飲食開始產生強烈的執著呢？根據中國最早的料理文獻《呂氏春秋》記載，殷朝初期擔任商湯廚師的伊尹，其烹調的食物深受商湯喜愛，因此被拔擢為治國宰相。此外，齊桓公的廚師易牙，因為殺了自己兒子，將人肉蒸熟給齊桓公吃，獲得了君主的寵信。戰國時代孟子著有《孟子》一書，提到：「食色性也。」大意是說，食慾與色慾為人之本性。西漢司馬遷的著作《史記》也記載：「民以食為天。」這句話的意思是糧食為提供人類維生的最重要物質。

像這些中國人對於飲食的觀念，被稱為「身土不二」、「醫食同源」、「藥食同源」。身土不二的觀念，提倡要多加善用身處之地所生產的食物，就能促進健康與長壽。由此可見，中國人對於飲食有極為強烈的執著，這也是中華料理號稱具有四千年的傳統與歷史的原因。在如此深厚的中國飲食文化中，麵食文化因而誕生。

然而，麵食的起源並沒有中華料理來得早，這是因為古代中國人難以取得麵食的中心食材，也就是麵粉。到了公元前二世紀，張騫出使西域，從西域帶回小麥、芝麻、胡椒、蒜頭、香菜、蔥、胡蘿蔔、小黃瓜、茄子、石榴、葡萄等食材，從西方流傳的小麥，終於促使中國麵食的發展。

取得麵粉的管道更為簡易

如同序章所介紹，要將小麥磨成粉，是一項困難的技術。據說在中國的新石器時代，人們已經發明了磨臼；戰國時代後期到西漢時期，從中亞地區傳入回轉式磨臼，並且可用牲畜來取代人力轉動磨臼。在唐代前期碾磑（石磨）傳入，在磨製麵粉時開始以水車為動力來啟動碾磑。此外，隨著篩絹的發明，終於得以篩出白色的麵粉，從這個時期開始，像是饅頭、包子、餃子、胡餅等使用小麥製成的胡食（西域各國的日常食物）逐漸盛行。

到了唐朝後期，麵粉製食物的應用層面更為廣泛，各式各樣的點心更為普及，平民對於麵粉有更深的興趣。東漢《說文解字》寫道：「麵，麥屑末也。」麵粉又被稱為麵，以麵粉製作而成的食物稱為餅。近年來可見「面」這個字，是麵的簡體字。附帶一提，米粉又稱為粉。

首次出現與麵相關的中國文獻記載，是東漢的《四民月令》，這是中國最早的時令典籍，書中記載：「距立秋，毋食煮餅、酒溲餅及水溲餅。」煮餅為湯餅的一種，在麵粉中加入酒揉捏即可製作酒溲餅，據說水溲餅就是後世的麵條。然而，我們無法從書中記載得知食物的詳細內容。有此一說，在三百年後，水溲餅演變成為水引餅。此外，東漢劉熙撰寫的訓詁專著《釋名》，從飲食篇目中可見索餅之名，但同樣沒有記載有關於烹調方法等詳細的內容。即使傳至日本，有學者認為索餅與索麵應為相同的食物，而引發熱烈討論。在古代中國北方，其主食以粟（小米）、黍（黃米）、高粱、大麥、玉米為主，為穀食地區，殷朝盛行栽種小米、黃米、大麥。隨著時代變遷，小麥的栽種更為普及，中國以長江為分界，江南的主食為稻米、江北的主食為小麥，形成「南米北麥」的分別。稻米的米粒可以直接食用，在中國部分地區也有將其他穀物煮成粥的習慣，但通常還是會磨成粉後食用，也就是所謂的粉食（中國的麵食）。

麵粉原本取得不易，自從逐漸普及後，中國人開始嘗試各式各樣的製作方式，以增添食物的風味。麵粉加水捏成麵團後加以成形，可透過各種方式加熱調理。在西漢時期，像是使用蒸籠烹調的蒸餅，將麵團黏在鍋上燒烤而成的燒餅，油炸製成的油餅、湯餅等，民間出現琳瑯滿目以麵粉製成的餅食；到了唐朝，餅食更為普及。湯餅是以水煮或熬煮製成的食物，衍生出麵類、水餃、餛飩等食物。換言之，構成本書主題的水煮細長狀麵類，是源自於湯餅。然而，在唐朝為止的文獻裡，現存的完整文獻中，只有稍後要介紹的《齊民要術》，有記載詳細的製餅方法。

首見將麵團擀成細長狀的智慧

將麵團擀成細長條狀的智慧，也就是麵類的原型，是如何發展而成的呢？從六世紀前半北魏到東魏時期的著作《齊民要術》，首見有關於麵類的原型。《齊民要術》是由山東省的望族賈思勰所著，全書共十卷，是中國最古老的農業技術全書，也是能一窺古代中國農業樣貌的珍貴書籍，書中記載許多當時農村生活所必需的物品及技術。

書中提到「水引」製法，讓世人初次見到古代的製麵技術。根據《齊民要術》記載「細絹篩麵，以成調肉臛汁，待冷溲之。水引，挼如箸大，一尺一斷，盤中盛水浸，宜以手臨鐺上，挼令薄如韭葉，逐沸煮。（中略）皆急火逐沸熟煮。非直光白可愛，亦自滑美殊常。」

如何將整塊的麵團捏成細長的麵條，或是如何將麵團弄薄後煮沸等，書中所記載的方法，可說是當時烹調技術的結晶。例如用細絹篩麵，以去除麵麩等雜質，這就像是現代人用篩網過篩麵粉，讓空氣跑進去以避免麵粉結塊。在麵團中混入冷肉汁（豬肉），可以透過肉汁中的鹽分或蛋白質讓麵團增加彈性，並提升凝固性。將麵團揉成筷子粗細的條狀，每隔一尺（三十公分）切斷麵條，再泡水讓澱粉膨脹濕潤，這樣可以讓麵條不易斷掉更具延展性。最後用大火煮麵，讓澱粉充分糊化，麵條不會因水煮而失去光澤，並且具有光滑的質地，都與現代人在品評麵條的標準相同。這也許是古代人透過經驗所獲取的知識，由此可見，製麵的基本技術已趨於成熟。

到了元朝，水引的方法變成在麵粉中加入食鹽後揉捏，再將麵團延展成線狀，塗上植物油後用手拉長，發展成為今日的手延麵。到了明朝，此技術更上一層樓，在山東省一帶出現了手延拉麵。因此在這個時期，中國已經萌生「手延素麵類」、「手延拉麵類」的製麵基本思維，這是值得留意的地方；此製麵法在日後也傳入日本。

此外，《齊民要術》還記載了手搓製成的餺飥，以及小拇指大小、表面平坦如同將棋棋子形狀的切麵粥與碁子麵。到了唐朝，餺飥演變成為包餡的餛飩（之後的烏龍麵）及餃餌（之後的餃子）。此外，還可以用錐子將牛角鑽洞後，在沸騰的熱水中擠出米粉（或綠豆粉）麵團，製成粉餅，這個做法就跟擠壓麵類有異曲同工之妙，也就是冬粉或米粉的做法。

在唐朝以前的麵粉類，尤其是小麥麵粉，是相當稀有的食材。即便如此，《齊民要術》詳細記載了構成各種麵類原型的「麵類製法」，這是令人感興趣的地方。書中還提到只要讓麵條乾燥即可保存一個月的時間，類似現今的乾麵製法。中國人對於飲食的執著，只能用驚嘆來形容。

然而，關於麵條的吃法與味道，《齊民要術》僅用「甚滑美」或「滑美殊常」等來形容麵條質地，實際的調味方法不明，推斷大概是加入殘存的肉汁後食用。如果筆者的想像屬實，當初從中國傳入日本的，只有這類「打麵法」。

細長的麵條讓人聯想到長壽

唐朝遷都長安（西安）後，寫下有關第九任皇帝唐玄宗與楊貴妃的風華歷史。玄宗本身就是聞名於世的美食家，據說他偏愛加入干貝、海參、魚翅、鮑魚等食材熬煮而成的濃湯。在這個時期，日本有十幾次派遣遣唐使前往中國，留學僧與留學生頻繁往來。

根據《一衣帯水 中國料理引進史》（一衣帯水 中国料理伝来史，柴田書店）的資料，唐朝的麵食又被稱為湯餅、水引餅、不托、牢丸、碁子麵等，書中記載：「到了唐朝，確立了麵食為細長條狀的外形。在中國唐朝，小孩出生三天後，父母會舉辦湯餅宴，邀請客人吃餺飥，祈求小孩能跟餺飥一樣長壽。直到現代，中國部分地區依舊有舉辦湯餅宴的習俗。」

由此可知，麵食開始被視為節日的食物，帶有祝賀用途。即使是朝鮮半島或日本，人們多年來會在節日或舉辦儀式時端出細長條狀的麵食，以祈求長壽，因而誕生了長壽麵。但是，令人覺得不可思議的是，由日本人發明的拉麵，完全看不出任何祝賀的涵義。

到了唐朝，湯餅演變成為兩種類型，第一種是將麵皮擀薄後包入餡料，例如水餃、燒賣、餛飩，第二種為延展成細長狀的麵類。「不托」之名源自唐朝，根據《青木正兒全集 第八卷》（春秋社）中「愛餅餘話」的記載，掌托是將麵團放在手掌上製成的麵條；不托的做法則是相反，製作麵條時沒有將麵團放在手掌上，唐朝人因而將湯餅稱作不托。到了唐朝，人們開始使用擀麵棍來延展麵團。

在唐朝以前，中國人為了將麵團揉成細長條狀，耗費了大量心力與技術，在「製麵方法」上投注莫大的努力。到了宋朝，麵條正式登場，並更加重視調理方式，多樣化的中國麵食趨於成熟。

多樣化的麵食發展

擁有三百多年歷史的宋朝，延續了唐朝盛世，政經長年來趨於穩定。宋朝的首都由長安轉移到汴京（現今河南省開封市），以首都為中心，邁入充滿活力的時代。同時期的日本，進入平安時代中期至鎌倉時代中期。從這個時期的各類文獻，可一窺當

厮刺葵菜冷羹　蒸羊眉突
塔不剌鴨子　野雞撒孫
柿糕　高麗栗糕
濕麪食品
水滑麪　索麪
經帶麪　托掌麪
紅絲麪　翠縷麪
米心棊子　山藥撥魚
山藥麪　山芋餺飥
玲瓏撥魚　玲瓏
勾麪　餛飩皮
乾麪食品
平坐大饅頭　打拌餡
豬肉餡　熟細餡
羊肚餡　薄饅頭水晶角兒包子等皮
魚包子　鵝兜子
雜餡兜子　蟹黃兜子
荷蓮兜子　水晶提羅

圖 2：《居家必用事類全集》目次

時飲食生活的繁盛發展。到了宋朝，隨著麵條的現身與更為講究的調理方式，麵食也變得更為多樣化。

北宋的《東京夢華錄》詳實記載宋朝的都市生活、年度節慶、茶坊、食店等景象。街頭食店、肉市、餅店、魚市櫛次鄰比，外食齊全，餅店所販售的之蒸餅、糖餅、菊花餅、寬焦等大受歡迎，販售冷淘棊子（現代的涼麵）及餛飩（現代的餛飩）的店家生意興隆。此外，南宋後期的《夢梁錄》描述了首都臨安的繁華景象，平民熱愛的麵食店現身。

有關於麵食內容，宋朝人將湯餅稱作麵，開始與其他的餅類（蒸餅、燒餅、油餅）有所區隔。成書於宋或元的《居家必用事類全集》，是知名的古代生活百科全書，書中詳細記錄了宋朝的麵食。《居家必用事類全集》的作者與成書年代不明，但世人可透過書中內容了解到中國麵食文化的變遷，是與《齊民要術》齊名的珍貴文獻。參照圖2，《居家必用事類全集》飲食類的「濕麵食品」欄位中，記載了十四種麵食名稱與做法。濕麵食品是水煮麵粉食物的總稱，從書中可得知各種「製麵方法」中，有哪些技術傳至日本，是相當重要的史料，詳細資料請參照表1。

對該書的製麵方法後，可發現宋人會將麵粉分為麵（一般的麵粉）與白麵（質地細緻的白色高品質麵粉），使用的水則分為新汲水（新汲取的井水）、涼水（冷水）、溫水，還會抹油或加入米粉方便用手延展麵團，或是用擀麵棍擀麵，並加入山藥增加黏性，也首度使用了鹼（將艾草燒成灰做成鹼水，加入麵粉揉成固體，含有碳酸鈉成分）。這是在中國東北至西北方地區能取得的天然蘇打，成為鹼水的主原料。當鹼性的麩質結構產生變化後，麵團的質地會變得堅硬。為了強化麵團質地，還會加入食

表1　中國宋朝多樣化的麵食（《居家必用事類全集》）

水滑麵	屬於《齊民要術》水引製法的類型，將麵條放入冷水中浸泡後再放入熱水熬煮，加入油與食鹽。
索麵	在麵團表面抹油，製作時沒有加食鹽，屬於日本手延素麵的類型。
經帶麵	用擀麵棍延展的寬條切麵，製作時加入食鹽與鹼水。
托掌麵	將麵團擀薄，使用筒狀、有中軸的擀麵棍來擀麵，製作時加入食鹽、鹼水、米粉。
紅絲麵	蝦風味的細切麵，加入生蝦、花椒、食鹽、麵粉、黃豆粉、米粉。
翠樓麵	加入槐樹花製成的極細切麵。
米心棊子	麵粉經過數次過篩，體積極小的棊子切麵；《齊民要術》的魚泥粥。
山藥撥魚	加入山藥增加黏性的水團（類似麵疙瘩），食材包含麵粉、黃豆粉、山藥。
山藥麵	加入山藥製成的麵條，加入少許油如同煎餅的方式煎麵團，再切成麵條狀。
山芋餺飥	加入山藥增加黏性的餺飥，食材包含麵粉、黃豆粉、山藥。
玲瓏撥魚	外觀近似玲瓏（雕琢玉）的水團，加入切碎的牛油（羊油）。
玲瓏餺飥	外觀近似玲瓏的餺飥。
勾麵	加入蘿葡泥增加黏性的麵條。
餛飩皮	餛飩外皮，食材包含麵粉與食鹽。

＊根據《中國的食譜》（平凡社）製表

鹽。書中可見各類中式麵食「調理法」，像是加入米粉、食鹽、油、蝦粉、花椒、黃豆粉、切碎的牛油或羊油等，食材與種類相當豐富。

因此到了宋朝，人們在短時間內彙集了眾多有關於中國麵食的技術精髓。如同筆者會在第二章中說明的，在鎌倉到室町時代時期，這些「製麵技術」再次從中國傳入日本。另外，透過蒸製的麵粉類「乾麵食品」，則包含饅頭、包子、山燒胡餅、燒餅、肉油餅、煎餅等，共有十二種麵粉食物。藉由多方面的創意與技法，麵食的種類遽增，中國麵食變得多元化，廣受平民喜愛的麵食店總是生意興隆。

中國人的麵食吃法

然而，中國人與日本人的麵食吃法可說是大相逕庭。根據《點心》（柴田書店）的資料，如同圖3，中國人的飲食習慣分為吃飯與吃點心兩種，其中點心又分為鹹點心、甜點心、小吃、果子。至於麵食是在小吃範疇中，能以生活周遭食材輕鬆製成的麵類料理。值得關注的是，麵食是屬於菜的一種。

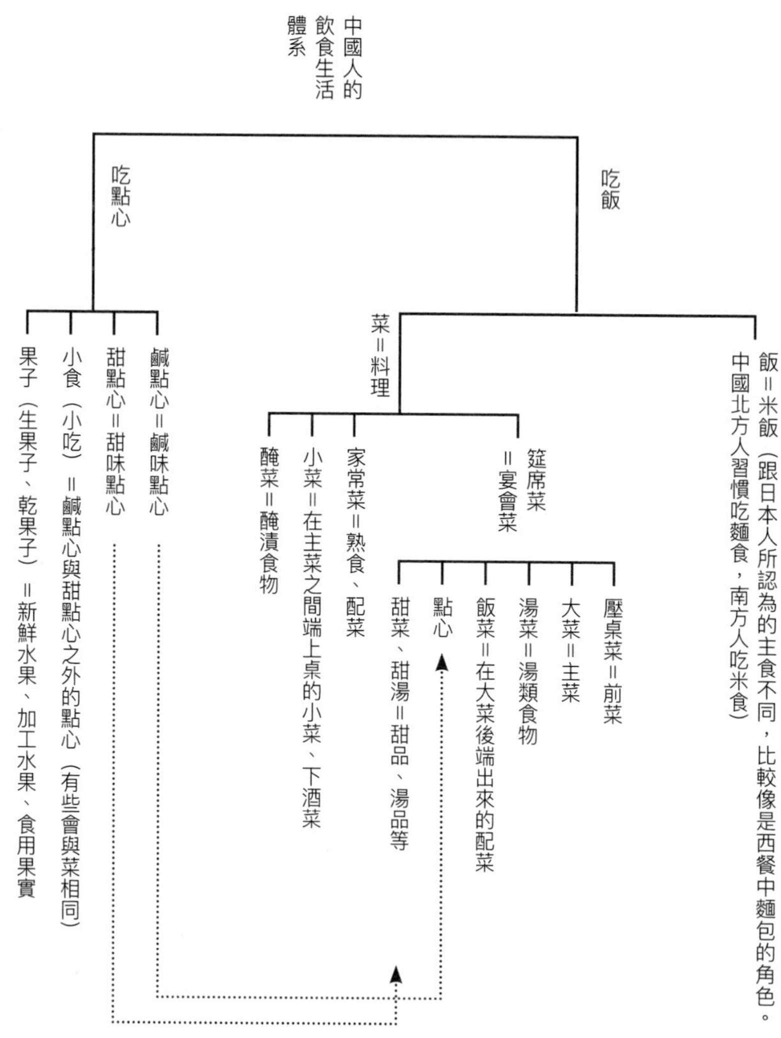

圖 3：中國人飲食生活體系圖
資料來源：《點心》柴田書店

再者，中國人與江戶時期之前的日本人，在「麵食的吃法」上有哪些差異呢？如同後面章節所述，日本人常吃的麵以素麵、烏龍麵、蕎麥麵等清淡麵類為主；相較之下，中國人偏好的麵食吃法則分為①將煮熟的麵加入熱湯的湯麵、②麵條與食材一同下鍋炒的炒麵、③混合食材的拌麵、④加入冷醬汁混合的涼拌麵、⑤熬煮而成的煨麵、⑥將生麵條或蒸麵油炸而成的油炸麵。

原來如此！但好像跟現今日本人的食物「吃法」沒有太大差異。的確是這樣子，日本人至今偏好的吃法是以①、②、⑥居多，也就是拉麵、炒麵、什錦炸燴麵。不過，回溯到江戶時代，當時的日本完全沒有中華風麵食，那個時期應該就是拉麵發明的源頭。此外，像是日本才有的中華涼麵或日式炒麵，也都是在拉麵發明後由日本人所創造的麵食。

根據《人類一路以來所吃為何？麵、地瓜、茶》（《人間は何を食べてきたか　麵、イモ、茶》）（日本放送出版協會）的資料，在遼闊的中國北方與南方，麵食的吃法有所差異。一般來說，北方的麵條較粗，醬汁會用醬油提味，味道較濃郁，麵碗

偏大，麵的份量也較多。南方的麵條較細，會用小碗盛裝，調味以鹽味為基底。麵食湯頭的風味以長江為分界，北方濃郁、南方清淡，湯頭分為使用雞肉、豬肉、火腿熬製而成的上湯，以及使用雞骨、豬骨熬製而成的毛湯。中國南方四川省的銀絲麵，因麵條細如絹絲而聞名。以上地區中國人的麵食吃法特徵，象徵麵食與米食地區的差異性，這些資訊各自傳入日本各地，經過歷史演變融合為一體，在研究在地拉麵的不同起源時，是極為重要的因素。

製作中國麵條時加入鹼水的效果

中國麵條的另一大特徵，就是會使用獨特的鹼水。從唐朝到宋朝，中國人開始在製作麵條時加入鹼性添加物，讓麵條的結構產生變化，創造出日本的烏龍麵或蕎麥麵所欠缺的獨特嚼勁。原本在麵條中加入的是熬煮植物後的鹼液（唐灰）、鹼水湖的鹼石或鹼水等天然鹼（碳酸鈉），所以加入鹼水製成的麵條稱為鹼水麵。在中國東北至西北地區，鹼是號稱取之不盡用之不竭的產物，其作用之一是將酸性水質轉變成鹼性。製作麵條時如果使用偏酸性的水，麵條會缺乏彈性難以擀麵，中國人在無意間發現，如果加入鹼水，會讓麵條的結構產生驚人的變化。

鹼水又名碱水、鹹水、梘水，廣東話的「梘」就是碱（鹼性）的涵義，日本的梘水名稱就是源自廣東南方地區。現代人在製作鹼水時會混合碳酸鉀、碳酸鈉、磷酸鉀、磷酸一氫鈉成分，製作出粉末狀、液體狀、固體的鹼水。製作麵條時大約會加入占麵粉1％比例的鹼水，鹼水能讓麵粉中的類黃酮色素轉變成黃色，使麩質分子結構產生變化，增加黏性與彈性；麵條會產生特有顏色，質地光滑且更具嚼勁。鹼水也能促進防腐效果，增加麵條的保存時間，但如果添加過量會讓麵體收縮。

附帶一提，在中國也有無添加鹼水製成的麵條，例如僅添加水和食鹽製作而成的撥魚麵，以及僅添加雞蛋製作而成的伊府麵和全蛋麵。這些中國麵條是以雞蛋、牛奶等食材來取代鹼水，如果將鹼水用於饅頭，麵皮會呈現淡黃色，並散發特有香氣。

到了明治時代，南京町（中華街）的華僑終於將鹼水傳入日本。如同後面章節的介紹，一九〇〇年（明治三十三年）東京淺草的來來軒、一九二二年（大正十一年）札幌的竹家食堂，已經開始使用鹼水。

中國北方山西省為麵食的故鄉

令人感到不可思議的是，中國山西省大同地區幾乎沒有栽種小麥，但當地卻發展出眾多特色麵食。山西省被譽為「麵食的故鄉」。根據《人類一路以來所吃為何？麵、地瓜、茶》的記載，「山西省具備黃土高原農民所孕育的雜糧飲食文化，以及經由絲路傳入的小麥，誕生各種製作麵條的技術。（中略）身受小麥魅力吸引的漢族，對於飲食產生了永無止盡的慾望，以及追求技術的執著。」例如貓耳朵、撥魚麵、刀削麵、拉麵都是代表麵食。

貓耳朵是山西省的傳統麵食，外觀如同蜷曲的貓耳朵因而得名，煮法是將使用麵粉、蕎麥粉、燕麥粉捏成的麵團切成細絲，用大拇指指尖壓薄後丟入熱水，再與其他配料一同煮熟。撥魚麵又名魚子、撥魚兒、剔尖，煮法是使用竹筷，將混合麵粉、高粱粉（紅麵）、綠豆粉的糊狀鬆弛麵團彈入沸水的大鍋中，外觀狀似頭尾尖尖的銀魚腹部。刀削麵的煮法是保持一定節奏，使用削麵刀將粗圓筒狀的麵團削進盛滿沸水的鍋裡煮熟；削麵法雖然看似隨意，依舊能維持麵體一

圖 4：山西省的刀削麵

致的長度與粗細度。

拉麵也是山西省的知名麵食之一，到了明朝，拉麵急速普及於中國各地。揉製麵團時加入鹼水，再用手延展麵團，麵團從兩條變成四條、四條變成八條，經過反覆拉長與摺疊後，變成二百五十六根麵條。如同字面上的含意，拉麵屬於手延麵，「拉」為延展、拉長的意思。一般來說，水溲餅、水引餅、拉麵都屬於相同類別。將麵團泡在水裡來拉長，是為了取代鹼水的效果，讓麵體更具韌性，在空氣中更易於延展。中國北方所稱的拉麵，到了南方被稱為打麵。有此一說，日本人所發明的日本拉麵（RAMEN），根據發音是源自於中國的拉麵與打麵，這一點是找出日本拉麵根源的關鍵，筆者會在第三章詳述。圖4為山西省當地人製作刀削麵的景象，從招牌可見「拉面」文字。

中國南方廣東省紛紛湧現知名麵食

中國面積遼闊，當北方人將饅頭傳入以米飯為主食的南方後，麵食也逐漸在南方普及。俗語說：「山東人怕狗，狗怕廣東人，廣東人怕饅頭」。對廣東人而言，饅頭就很像是把大塊的小麥麵團拿去蒸而已。關於麵食，在廣東省也興起一波有趣的飲食文化。廣東人將北方的麵食加以改良，創造出蝦子麵、伊府麵、雲吞等食物。

蝦子麵是廣東省的知名麵食，做法是將蝦卵加入麵團中揉和，沒有使用鹼水。清朝乾隆皇帝在位時期，廣東省潮州的伊東綬發明了伊府麵，製麵時沒有使用任何一滴水，僅加入蛋液讓麵團成形，透過蛋白的蛋白質讓麵團形成具有韌性的麩質，製作出寬且硬的麵條。在大正至昭和時期的《適合家庭的中國料理》（《家庭向中国料理》）一書中，屢次出現伊府麵。有此一說，伊府麵為日本人發明泡麵的靈感來源。

餛飩源自於唐朝，到了宋朝大為盛行。中文稱為餛飩，而雲吞是餛飩的廣東話發音，日文餛飩ワンタン（WAN TAN）的名稱也是源自於廣東省。餛飩在北京是吉利的食物，大年初二時人們會用餛飩祭拜神明，祈求一整年有好的財運；油炸餛飩時外皮會綻開，代表開運，是身受眾人喜愛的食物。另外，「雲吞」這看似不合理的漢字名稱，是出自廣東市西關地區的廣東話，參加北京科舉考試的考生，在考前會吃雲吞，代表一展抱負。在唐朝至宋朝時期，餛飩是深受平民喜愛的點心，廣東人還發明了同時加入餛飩與麵條的餛飩麵，這在當時的中國是較為罕見的麵類。

中國南方人的另一項智慧發明，是用稻米製成的米粉。稻米粉與小麥麵粉不同，並不會產生麩質，用擠壓機便可製成線狀的米麵條，昆明的過橋米線是家喻戶曉的代表。

此外，北京的餃子、上海的小籠包、廣東的雲吞，可說是代表華北、華中、華南地區的麵食傑作。

確立打麵方法

關於中國人持續發明的「打麵方法」，筆者在序章介紹過製麵的五大智慧，包括①手延拉麵類、②素麵類、③切割麵類、④擠壓麵類、⑤河粉類。然而，從中國傳入日本的製麵法究竟為何？在進入第二章的日本拉麵內容前，在此稍加說明，因為這與追尋日本拉麵製法的源頭有深厚的關聯。

有幾種方法，可以讓產生麩質的小麥麵粉麵糰變成麵條狀，也就是①、②、③的製麵方法，而且各有特色。然而，米粉、蕎麥粉、綠豆粉無法產生麩質，難以揉成整塊的麵糰，要加入何種食材增加黏性？如何製成麵條？這些都是有待解決的問題。最終，世人發明了④、⑤的方法。此外，即使是小麥麵粉，使用粗粒小麥粉製成的義大利麵，也是透過④擠壓方式製作而成，義大利麵雖然不會產生麩質，但藉由機器施壓排出空氣的原理，也能讓麵團成形，並產生獨特的嚼勁。接下來將依序介紹①、②的手延製麵法、③切割製麵法，以及④擠壓製麵法，並加以歸納成製麵的方法。

手延製麵法

經過充分熟成的麵粉麵團，再重複醒麵↓壓延↓醒麵↓壓延的步驟後，麵條不會碎裂，會沿著單一方向成絲線狀、變細延展，這是需要累積經驗才能學會的高超技術。如果用比較專業的方式來說明，手延製麵法就是利用蛋白質分子鬆弛的性質而來，這時麩質的組織就像是魷魚絲，整齊地朝單一方向排列。藉由這種製作方式，可輕易地將麵團製成大量的麵條。此外，手延麵還分為兩大類型。

「手延拉麵」是最接近本書主題的類型，根據《文化麵類學之始》的資料，製作手延拉麵時沒有使用任何器具，僅以手部延展麵團，繼承了水引餅的原理，並且在製作過程中加入鹽水或鹼水，來強化麵團組織。在漢族之間，手延拉麵是相當成熟的技術，尤其以山東省、山西省、陝西省的手延拉麵聞名於世。龍鬚麵又名銀絲麵，經過十三次手拉的功夫之後，製成一萬六千三百八十四根麵條，是中國最細的麵條。更進一步的做法是將龍鬚麵放入油鍋快速油炸，變身成為高級的宴會點心。這類的手延麵條方法，在中國被稱為拉麵或抻(ㄕㄣ)麵（捵(ㄔㄣ)麵），應該也是日本拉麵的語源。

圖 5：中國廚師製作手延拉麵（龍鬚麵）的情景。
資料出自：日清食品

另一方面，「手延素麵類」中的①索麵之名，首見於北宋時期的文獻。②根據前述的《居家必用事類全集》，記載了有關於索麵的詳細製作方法；製作時會在麵團中加入油或米粉。③福建省等地區盛行索麵，又被稱為麵線或線麵。日本人學習並吸取中國索麵的技術，開始製作手擀延素麵，時至今日依舊採用同樣的做法。

如果中國「拉麵」是日本拉麵語源的有力源頭，「手延拉麵類」、「手延素麵類」、「切割麵類」的製作方法則相當接近，這是令人感到興趣的地方。

根據《探索拉麵的根源 進化的麵食文化》（ラーメンのルーツを探る 進化する麵食文化，foodium communication）的記載：「清朝的中國人發明在麵粉中加入鹼水並以手延技術製麵的方法，此製作方法延續至今，與宋朝的索麵（筆者註：手延素麵類）」和經帶麵（筆者註：切割麵類）的技術有雷同之處，都是僅用雙手製麵發展出的手延拉麵（筆者註：手延拉麵類）。製作時加入鹼水揉和麵團，將麵團揉成長條狀，再用植物油均勻塗滿麵條後手延展麵條。」如果要探尋傳入日本的麵條製法根源，這是極為重要的卓見。

用菜刀切麵

切割麵的製作方式，是使用擀麵棍將充分熟成的麵粉麵團擀薄後折疊，再用菜刀切成細麵條。麵團的麩質為左右縱橫的網狀結構，包覆了澱粉。用菜刀切割的麵條又

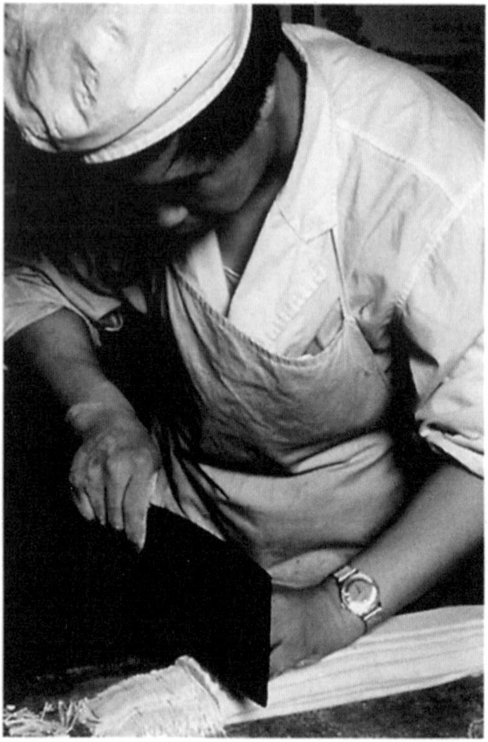

稱為手打麵，現代人開始使用製麵機後，就能製作出大量的麵條，機器製麵方法大為盛行。

切割麵類是起源於唐朝不托（沒有使用雙手製麵）的麵類，繼承了漢族的傳統。《居家必用事類全集》記載的經帶麵，是在麵團中加入食鹽的寬條切割麵，這也是中國首次加入食鹽製麵的先例。中國人將使用菜刀切割的麵條統稱為切麵，奠定了日本的烏龍麵及蕎麥麵的切割方式。現今日本拉麵使用的中華麵，並不是手延拉麵，而是使用製麵機製成的切割麵，僅留存了中華麵的名號。

圖 6：中國廚師使用菜刀切割麵條（切麵）的景象。
資料出處：日清食品

擠壓製麵

某些原料粉的性質並不會產生麩質，因此會加入澱粉糊化的麵糊，或是利用機器加壓麵團後讓麵條成形，再立刻放入熱水煮熟，製作出麵線狀的「擠壓麵」。像是將米磨成粉製成的米粉、以蕎麥粉製成的河漏麵、使用綠豆粉製成的粉餅、朝鮮半島的冷麵、義大利的義大利麵等，都屬於擠壓麵的類型。在中國山西省，當地人會使用名為餄餎床的機器來製作餄餎麵；利用簡單的槓桿原理，把餄餎床放到鍋上，並將麵團放入圓筒狀的器具裡，再用手壓餄餎床上的長槓來帶動圓筒擠壓麵團，讓麵團穿透孔洞變成麵條，直接落入鍋中的沸水水煮。莜麥（裸麥的一種）的顏色近似蕎麥，使用莜麥磨製麵粉後製作的麵條，水煮後放入冷水冰鎮，即可製成莜麵。

日本拉麵打麵法的根源

本章是以打麵法為中心，回顧了中國麵食的變遷，讀者應該能從中找出中國麵食與日本的中華風和食麵類及拉麵之間的製法關聯性。到了明治時期，居留在日本的中國人，平常喜歡吃手延拉麵，受手延情景所吸引的日本人，開始嘗試在麵團中加入唐灰（鹼水），並用擀麵棍延展麵團，搭配使用菜刀切麵的經帶麵技術，最後為了量產，還使用了機器製麵，看起來有模有樣。由此可見，日本拉麵的「打麵法」結合了各路技術。當泡麵在世界大放異彩時，韋伯字典甚至出現了 ramen 一詞，當中解釋拉麵是用手延製成的麵條（pull noodle），日本的麵條主原料為小麥麵粉。

不過，日本是如何接受、汲取中國人歷經一千五百多年持續發明與改良的製麵技術呢？此外，他們是如何發明拉麵獨特的「吃法」？在下一個章節，將著眼於日本吸取中國製麵技術的演進過程。

第 2 章
日本麵食文化的演進

日本獨特的麵食文化

筆者曾在序章提過，日本是在第二次世界大戰之後，迎接爆發性的拉麵熱潮，在江戶時代之前，日本人對於中國麵食的製作及吃法幾乎不感興趣。然而，在相當早的時期，中國的麵食製法已經傳入日本，日本吸取了中國的製麵技術，誕生了獨特麵食，也與日後日本拉麵的製麵法有所關聯。歷史上有兩大時間點，與製麵技術傳入相關，第一是奈良至平安時代前期的唐菓子傳入日本，此時期是日本麵食的出發點。另一個是鎌倉至室町時代，再次從中國傳入製麵技術，日本汲取了這些技術，依序研發了素麵（平安—鎌倉—室町時代）、烏龍麵（室町時代）、蕎麥麵（江戶時代）。

另一方面，在吸取製麵法的過程中，也開創了日本自己獨特的麵食吃法。例如加入醬油、湯頭、配料等顯著特徵，都證明了日後的日本拉麵是繼承了日本麵食精髓的和食。如同前述，由於打麵法與吃法相互結合，才得以構成日後日本拉麵的誕生。本章節將著眼於日本吸取中國打麵技術的過程，以及日本獨特的麵食吃法。

麵食的傳入與發展

首先要向讀者鄭重說明，筆者將中國人持續發明的麵食，區分為「打麵法」與「吃法」，為了避免讀者混淆，使用了日本人耳熟能詳的「打麵法」作為統稱。此外，筆者在第一章說明了製麵的五大智慧。接下來要針對「打麵法」的表現，提供更為精確的解說。

綜觀現今的製麵技術，麵條的製作方法分為素麵的「手延」、烏龍麵或蕎麥麵的「手打」或「機器打麵」。因此，「打麵」一詞指的是製作烏龍麵或蕎麥麵時的手法。換言之，在製作時會一邊使用手粉摔打麵團，讓麵團產生彈性，因而產生打麵的含意。

事實上，當日本人發明了日本拉麵後，打麵方式的表現也產生混淆。中國人把運用雙手拉延而成的麵條稱為拉麵，定居於日本的中國人也是沿用同樣的方式製麵，也就是製麵五大智慧中的「手延拉麵類」。然而，在中國麵食被稱為支那麵的時代，隨著迎合日本人口味的中華麵誕生，擅長打麵的日本人，透過刀切烏龍麵或蕎麥麵的經驗，將中華麵的傳統拉延製法換成「手打」或「機器打麵」的方式。換句話說，雖然延用「拉麵」一詞，但製麵方式為手打而非手延。

由此可見，日本的麵食文化的演變方向，從手延素麵→手打烏龍麵→手打蕎麥麵，最終演進為可量產的機器打麵（烏龍麵、蕎麥麵）。有趣的是，在如此龐大的演變過程中，中國的宋朝和日本的室町時代，兩邊幾乎在相同時期邁入獨自的麵食文化之路，經過萌芽發展，創造了各自的麵食「吃法」。在江戶時代，在平民之間盛行日本獨特的蕎麥麵切麵法。也就是說，自從唐菓子傳入日本後，日本經歷了一千四百年的歲月，才得以促進麵食文化的發展。

然而，提到麵食傳入等細部內容時，時代考證的資料並不齊全，就像是拉麵的起源，究竟是何人、何時、傳入或製作的麵食為何？隨著時代變遷產生哪些變化等，有許多難以完整解釋的內容，由於缺乏定論，反而會引發不必要的臆測或混淆。也許是日本與中國的往來過於頻繁，才難以將所有的交流內容記錄於文獻中。接下來要先以日本拉麵誕生前，平民的生活方式為中心，試著回顧日本麵食文化的演進。

日本麵食文化的特徵

在正式介紹日本麵食文化的演進之前，有關於日本人獨特的麵食嗜好，可從三大觀點來分析。先說結論，受日本人喜好的麵食，其特徵為①節慶的食物、②與寺院息息相關、③形成獨特的糊食文化。在這樣的發展背景下，無添加鹼水的中國麵食傳入日本，以下將逐一解說。

麵食是節慶的食物

首先，日本人會在節慶的日子吃麵。日本從事民俗學田野調查的第一人柳田國男，他在著作《木棉以前之事》（木綿以前の事）中提到，在石磨尚未發明的時代，麵粉是難以取得的珍貴食材，人們只有在節慶的日子才會花時間與心思煮麵慶賀。直到今日，麵食也是節慶的食物，並且可以從眾多鄉村料理中一窺麵食的樣貌。

例如，鯛魚麵是廣島、愛媛、大分的特產麵食，素麵被擺放於大盤子中，看起來像是海浪，盤子的正中間有一隻煮熟的鯛魚，呈現躍動的姿態。因為鯛魚的日文發音タイ（ta i）與祝賀的發音メデタイ（me de tai）相似，加上細長的素麵象徵長壽，因此在結婚儀式、建築上樑儀式、祭典、宴會、邁向人生新的階段等場合，都會端出鯛魚素麵供人品嚐。新郎新娘與客人初次「見面」的日文たいめん（tai men）發音，也剛好跟鯛魚麵的發音相同。

此外，據說在一千多年前，生於善通寺的弘法大師（空海），從唐朝首都長安（西安）將讚岐烏龍麵傳入日本，日本人在進行插秧、婚喪喜慶、斷奶食品、跨年等例行性節慶活動時，也會吃讚岐烏龍麵。

因此，麵食在日本也是屬於節慶的食物，細長的麵條讓人聯想起值得慶賀的長壽涵義，但日本人所發明的日本拉麵，並沒有任何與祝賀節慶相關的涵義。韓國人在結婚時也會吃麵，名為국수（guk su）；可是從沒聽過日本人會在結婚儀式時吃拉麵，這也是平民美食拉麵的不可思議之處。

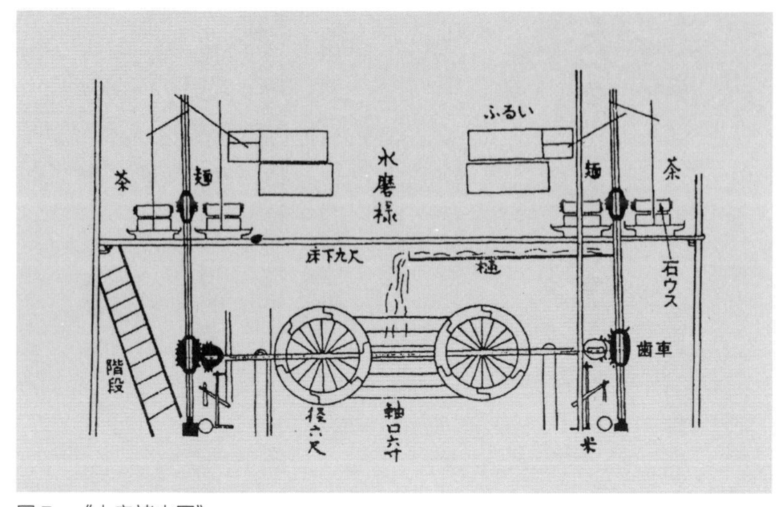

圖 7：《大宋諸山圖》
資料出處：《篩》法政大學出版局

麵食與寺院的關聯性

麵食的第二個特徵是與寺院的關聯性，以下都是具體的例子。①西元七世紀初推古天皇在位時期，高麗的僧侶曇徵傳入了碾磑（石磨）。②九州太宰府的觀世音寺，現存一座巨大的碾磑。③在十三世紀鎌倉中期，東福寺開山初代住持聖一國師傳入圖 7 的《大宋諸山圖》，並傳入製作麵粉與素麵的方法。④在十八世紀江戶時代中期，淺草道光庵（已搬遷到世田谷）的道光和尚，熱衷研究故鄉的信州蕎麥麵打麵法，門庭若市。這些都是流傳至今有關於麵食文化的小故事。

根據《文化麵類學 麵談》（foodium communication）的記載，與寺院相關的麵食為①院方會花時間製作類似手打麵的麵食。②他們偏好適合圍爐共食的烏龍麵，不喜歡吃適合獨自享用的蕎麥麵。③《典座教訓》也記載，烏龍麵是節慶日子的食物。④烏龍麵的吃法是泡進熱水或冷水，加入蘿蔔泥或蘘荷（日本生薑）調味，使用柴魚片及無添加醬油當作醬汁。⑤眾人在吃烏龍麵時要把麵條從鍋中夾出來吃，被形容是「拉出來吃」的有趣又低調食物。⑥盂蘭盆節或七夕時節，素麵是不可少的食物。由此可見，隨著寺院麵食的盛行，對於一般平民也造成極大的影響。

形成獨特的糊食文化

第三個特徵是形成獨特的糊食文化，在日本吸收中國製麵技術並加以融合的過程中，日本人在製作麵團上費盡心思。換言之，日本人將麵團區分為有添加食鹽與未添加食鹽兩種，並想出能加以運用的技巧。加入食鹽的小麥麵粉麵團，會因為產生麩質而變得更具彈性及柔韌度，得以製作出素麵及烏龍麵。

另一種是沒有添加食鹽的柔軟麵團，可以製作出與麵條完全相異的食物，例如餺飥、水團、麵團湯等。在製作時，會將麵團放入湯汁中充分熬煮，讓麵團吸取湯汁產生獨特風味，帶有柔軟的口感。在日本全國的鄉村料理中可見糊食文化，例如山梨縣的餺飥，名古屋的味噌烏龍麵都是知名代表。

在古早的時代就能看到有關於餺飥的記錄，平安中期的隨筆散文集《枕草子》曾記載「臍落餺飥」，臍落就是熟透脫離蒂頭的瓜果之意，所以熬煮餺飥時會加入成熟的水果（瓜果）。鎌倉前期的《廚事類記》是日本最早的料理書，裡頭記載了製作餺飥的方法，與現今的做法大同小異。餺飥（ほうとう）以山梨縣為起點，在日本各地衍生出ぼうとう、ぼうと、こほうとう、はっと、はっと汁、はっとう、ほうちょう、ほうちょう汁等各種諧音麵食。

水團的做法則是將麵粉加水攪拌成奶油狀（如做蛋糕的麵糊），揉成魚丸狀再下鍋熬煮，在各地的鄉村料理中可見水團或麵團湯。餺飥的做法是將未添加食鹽的麵團切成麵條狀，而水團和麵團湯的外觀則是圓形塊狀。

根據《日本人的味覺》（日本人の味覚，中央公論社）記載，①到了日本列島東側，麵食文化逐漸消失，出現了糊食文化。②越過跨越富士山與赤石山系的中央地塹帶後，形成了糊食文化圈。③名古屋的味噌烏龍麵是糊食文化圈西方的邊界。④山梨縣是日本列島糊食文化中心之一。因此，喜歡糊食或麵食的日本人，建構了與中國人不同的獨特麵食文化。接下來將依據時代的演變，詳述有關於日本麵食進展的各種論點，但日本拉麵還是不可忽略，並在接下來的論述過程中仍會多次提及。

唐菓子的傳入

奈良至平安時代前期，隨著遣隋使和遣唐使的出使，是留學生或留學僧頻繁往來的時期。在這個時期，中國的唐菓子傳入日本，日本和菓子隨之發展。同時期，麵食

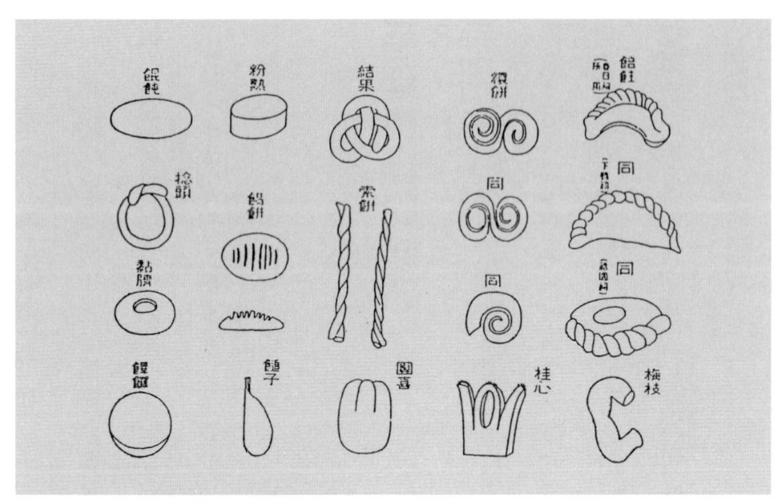

圖８：藤原貞幹集古圖中的唐菓子
資料出處：《日本食物史》雄山閣

文化也開啟序幕。然而，我們無法確定從中國傳入日本的八種唐菓子與十四種果餅，跟現代的哪些和菓子相同。但從《齊民要術》中可見餢飳、糫餅、餛飩、餺飥的名稱，索餅則是出現於《釋名》的記載。

如果要再深入探究，團喜就是後代的團子，捻頭是將小麥麵粉麵團油炸製成，餛飩是用麵團包入餡料的團子狀食物，餺飥就是後來的烏龍麵，麥繩是等待麵團硬化後扭轉成交纏的細長條狀，也就是麻花捲。索餅與麥繩（牟岐繩）的外觀接近，則視為相同的食物。圖8

為從中國傳入日本的唐菓子圖。

不過，這些唐菓子是舉辦慶典、宗教活動、貴族聚會等上流社會的消遣食物，平民沒有機會品嚐到這些東西。但換句話說，唐菓子傳入日本的意義，在於讓平民對於米粉、小麥麵粉等麵食產生全新的認識，造就麵食加工發展的契機，讓蒸、烤、炸等技法流傳下來，這對於日本未來飲食文化的發展產生極大的影響。

手延素麵的起源

不過，如同之前介紹過的，日本的麵食起源於手延素麵，即使到了江戶時代，素麵依舊是乾麵的主流。追溯素麵的發展歷程時，可找出索餅（麥繩）→索麵（索麪）→素麵（素麪）的方向，無論是麵或麪的標記，指的都是小麥麵粉。素麵與素麪、索麵與索麪都是相同的食物，索餅與麥繩的涵義也十分接近，但索餅依舊留存諸多不明之處。

索餅作為唐菓子之一傳入日本，《一衣帶水 中國料理引進史》記載：「奈良時代約等同於中國唐朝初中期，在那個時代，中國的湯餅（烏龍麵）確立了細長條狀的形式。」在奈良時代，社會大眾特別喜歡吃索餅。

平安時代中期的律令條文《延喜式》，記載了索餅的做法。如果以現代食譜的形式來說明，製作方法是混合70％麵粉、30％米粉，以及2.4％的食鹽。如果加入米粉，麵線容易斷裂，無法用手拉長，若要將索餅當作素麵的原型，這是最令人存疑的一點。而且該時期人們在製作索餅時，並沒有抹油，但有一此說是索餅為炸菓子之一，是素麵的原型。不過，從古代中國的文獻，找不到有關於索餅的製作方法。

當索餅傳入日本後，被稱為麥繩、無木奈波、牟義繩，之後出現了索麵，並演變成素麵。江戶中期的《和漢三才圖會》記載：「索餅乃素麪（麵）。」雖然這樣的定論有失周延，但從後代的素麵中的確能看出索餅的影子。平安時代後期的《今昔物語》也記載：「寺別當許麥繩成蛇。」有一位貪心的住持，在某年夏天收到許多信徒供奉的麥繩，他把部分的麥繩拿出來招待客人，再偷偷把其他的麥繩藏在木盒中，當他過了一陣子再次打開盒子時，沒想到盒子裡的麥繩已經變成一條蛇。到了鎌倉時代，從中國再次傳入索麵的製作技術。

接下來的內容要從麥繩轉到索麪。如同前述，《居家必用事類全集》曾提到索麪有兩種做法，第一種是加油的做法，使用過篩後的麵粉，沒有加入食鹽，僅加入油來揉麵，接著蓋上均勻塗上油的油紙，放置四小時醒麵，將麵團掛在如長筷長度的竹竿上，以扭轉的方式將麵團拉長，當麵團表面的油乾燥後，會更易於延展。另一種做法沒有用油，揉麵時使用米粉當作手粉，拉長麵團時也一邊使用手粉，一邊扭轉麵團並延展三至五次。如果有殘留較粗的麵條則再次延展，等待乾燥後下鍋水煮。

無論是何種方法，都是透過扭轉的方式來防止麵條斷裂；但若使用米粉，麵條的表面會出現龜裂且容易斷裂，難以拉成細長條狀，如果在表面抹油即可避免龜裂產生。江戶時代中期的《和漢三才圖會》有記載更為詳細的素麵製作方法，基本概念完全相同，此「手延」技術延續至今。

從南北朝時期開始，索麵二字變成素麵。江戶時代前期的《本朝食鑑》提到，

「索」為搓緊的意思，「素」則是白色的物體之意，因此索與素應為誤用。以素齋為主食的僧院，經常食用索麵；有此一說是，根據僧院的飲食方式將索麵稱為素麵。到了室町時代，素麵的稱呼急速普及，當時的宮中女性用語包括そぞろ（so zo ro）、ぞろぞろ（zo ro zo ro）都是素麵的意思，素麵（so men）之名也許源自日文的「細物」，或是從吃麵時發出的聲音演變而成。

因此，在適合製作素麵的日本小麥產地，陸續誕生了當地素麵名產。根據江戶時代前期的《毛深草》記載，素麵名產地包括大和的三輪、山城的大德寺、伊勢、武藏的久我、越前的丸岡、能登的和嶋、備前的岡山、長門的長府、伊予的松山，共十一個地點。農家會在冬季製作素麵當作副業，因此促使素麵盛行。《日本山海名物圖會》更透過圖文的方式詳細介紹大和三輪的索麵。位於奈良盆地東南方的三輪山，因嚴寒的地理條件，得以生產高品質的素麵。

素麵的吃法

以下介紹素麵的煮法與吃法，日本狂歌師蜀山人（大田南畝）曾在狂歌中寫道：「素麵煮熟，擲牆觀察，呈圓形の字與否。」當時的製麵師特別注重素麵的水煮狀態，經過「厄」過程的素麵更為稀有。所謂的厄，指的是製作素麵時的獨特狀態，素麵通常是在冬天製造，由於含有水分，經歷了梅雨季節後，師傅會將素麵存放在倉庫中熟成，這個過程稱為厄。每經過一次梅雨季節後，原本的素麵新麵即成為二年麵或三年麵，在水煮的時候麵條的延展性會變慢，但口感卻會變得更有嚼勁且彈牙。江戶中期的《和漢三才圖會》記載，在煮好素麵後要去除油沫，沒有油沫才是最佳的狀態。

《本朝食鑑》也記載了素麵的吃法，①跟烏龍麵或冷烏龍麵一樣沾醬食用。②根據個人口味，加入味噌或醬油熬煮。③蘿蔔泥具有解讀功效，能增添素麵的風味。④在七月七日的七夕品嚐素麵。

日本人會在七夕祭供奉素麵，女性藉此祈求縫紉技術變好。從江戶時代中期開始，人們開始會在七夕時節贈送素麵當作禮物。被視為吉利象徵的素麵，因為長兩到三公尺，在品嚐的時候往往得費一番工夫。

江戶時代前期的《女重寶記》記載了女性的素麵吃法：①跟烏龍麵相同的吃法。②不能跟男性一樣淋上大量的湯汁。③盡量不要添加調味料（薑、山葵、辣椒），避免產生口臭。江戶時代中期的《女諸禮綾錦》則記載：①將湯汁倒入碗中，用筷子夾一到兩次的素麵放入碗裡，以一手拿著酒盅（猪口）的方式品嚐。②可以維持拿著酒盅的狀態。③要添加湯汁時則比照步驟①進行。④不添加辛辣調味料也沒關係。⑤吃完將湯汁倒在盤子裡。⑥吃到連掌櫃也勸說不要再吃下

圖 9：素麵的吃法
資料出處：《女諸禮綾錦》

去了為止。

中國的「手延素麵」傳入日本後，日本人吸取了手延素麵的精髓，改良成日式吃法，但從現今拉麵的源流中，則找不到與素麵有關的記載。

烏龍麵的起源

烏龍麵的做法是將麵團擀薄，沒有像素麵一樣抹油，而是添加食鹽以產生具有韌性的麩質。製作過程沒有使用雙手延展，是用擀麵棍擀麵糰，再用菜刀將麵團切成麵條狀，屬於手打的切麵。在之前章節曾解說過，中國唐朝時期，名為不托的切麵現身，宋朝人開始製作使用菜刀切麵的經帶麵，之後切麵陸續登場。

此外，《一衣帶水 中國料理引進史》記載：「日本的平安時代中期到鎌倉時代中期，是中國的宋朝時期，這個時期是中國麵食的成熟期。以往被稱為湯餅、水引餅、牢丸等麵食，都被統稱為麵，跟現代都會以字尾為麵來命名相同。在同時期的日本也開始出現以麵為名的命名，推測是從宋朝再次傳入麵食的名稱與製法。」換言之，到了唐朝麵食趨於成熟之後，唐朝的餅被稱為麵，留學僧再次將宋朝的麵食傳入日本。

切麵在日本是從何時開始發展呢？根據存放於法隆寺的《嘉元記》記載，有兩種說法。第一是日本首次出現ウトム（u to mu，烏龍麵的古語）之後，第二是在十四至十五世紀的南北朝—室町時代開始發展。從室町時代後期的《山科家禮記》可見「切麥」（冷烏龍麵）一詞，室町時代初期的《庭訓往來》則有饂飩、饅頭、素麵、基子面等文字記載。中期的《尺素往來》記載，索餅為加熱烹煮，切麵則是水洗冷卻，但如果要探究日本的「切麵類」源頭，並無法獲得明確的答案，推測應為麵食再次傳入日本後，於鎌倉時代至南北朝時期開始製作。

使用菜刀切麵的「切麵類」打麵法，為何會比「手延麵類」更晚傳入呢？第一個理由是，如果要製作切麵，需取得大量的麵粉才行。第二個理由是，從鎌倉時代中期開始，農民開始利用水田裏作期間栽種大麥與小麥，取得麵粉變得更為容易。這與中國麵食發展的歷程有相似之處。在日本明治時代中國華僑的居留地區，原本用手延展麵條的拉麵，已經從手打轉變成用機器打麵的切麵。從該時期開始，日本人可以同時學習這兩種技術。

到了室町時代，切麵開始普及，也確立了烏龍麵的名稱。根據《日本食物史》（雄山閣）記載：「室町時代初期的辭典出現了餛飩之詞，而餛飩應為室町時代末期的食物。從うんどん演變成うどん的名稱，大約花了近百年的時間。而且，うんどん之詞流傳到後世，天明的《江戶町中喰物重寶記》也有干うんどん的文字記載。」

圖 10：日本蕎麥麵、餛飩屋的店門口
資料出處：《繪本御伽品鏡》

到了江戶時代，接連出現漢字饂飩、溫飩（あんとん）、溫麵（あつむき），平假名うんどん、うどん等名稱。隨著烏龍麵名稱的轉變，根據江戶時代中期《嬉遊笑覽》的記載，混沌這個名稱是後人加上食字偏旁而成，由於做法是放在熱水中煮，又被稱為溫飩，但這是名稱的誤用，溫飩其實指的是熱麥（加熱後的烏龍麵、素麵）。混沌是將擀平後的麵團包入剁碎的豬肉餡，成為後代的餛飩。同時，混沌一詞也轉變成為麵條狀的烏龍麵。

在此順帶介紹日本特有的熱麥與冷麥，《飲食日本史》（青蛙房）記載：「被切成細條狀的現代烏龍麵，以前被稱為切麥，熱的烏龍麵叫做熱麥、冷的就做冷麥，不知從何時開始出現了烏龍麵之名。」換言之，切麥是打麵法之一，其中誕生了烏龍麵，並衍生了熱麥與冷麥的吃法，烏龍麵則是以上的通稱。時至今日，熱麥的名稱消失了，僅留存冷麥之名。此外，人們也靈機一動，透過麵條的粗細來區分烏龍麵與冷麥。

紐革溫飩（皮帶烏龍麵）與棊子麵也是日本獨有的麵食。根據江戶時代中期《和漢三才圖會》的資料，所謂的紐革溫飩，是指將乾麵水煮後製成的簡易麵食，與當代的平素麵相似。幕末的《守貞漫稿》指出，江戶時代的紐革溫飩屬於寬烏龍麵，在尾張的名古屋被稱為棊子麵。

江戶時代中期的《料理山海鄉》記載了棊子麵的做法：①打麵時沒有添加食鹽。②將麵團切成長條狀，不用燙過，直接下鍋煮熟。③加入大片的柴魚片。④有時候在揉麵時會加入柴魚片。⑤若擔心湯汁過於黏稠會失去風味，就在打麵時使用少量手粉即可。附帶一提，現今的名古屋味噌煮烏龍麵的做法，是將沒有添加食鹽的麵條，直接放入使用味噌調味的湯汁裡煮熟，沒有先燙過，製作方法近似於棊子麵。棊子麵名稱的由來有各種說法，包括紀州麵、雉麵、雉子麵、基子麵等麵食的諧音。

烏龍麵的吃法

在室町至江戶時代，烏龍麵急速普及於平民階層，眾多古代食譜都有記載烏龍麵的打麵法與吃法。江戶時代前期的《料理物語》記載，吃烏龍麵時適合加入味噌醬、胡椒粉、醃梅。日本俗話說「烏龍麵配胡椒粉倆相好」，由此可見古代人在吃烏龍麵時經常添加胡椒粉或醃梅。現代的日本人在吃中華拉麵時，會依個人喜好添加胡椒粉，這也許就是繼承了前人在江戶時代的烏龍麵吃法。若吃溫熱食物造成溫邪犯肺，就可以吃具有潤肺效果的梅子來緩解，現代人則是食用蘿蔔泥以促進消化。根據《本朝食鑑》記載，烏龍麵適合搭配味噌醬、柴魚湯、胡椒粉、蘿蔔湯，趁熱品嚐烏龍麵可以暖胃，避免腹瀉。

江戶時代中期《和漢三才圖會》也有烏龍麵搭配醬油醬汁的記載，算是終於出現了類似現代醬汁的想法。《料理山海鄉》便詳細記載了鰹魚醬油醬汁的做法。

從以上的烏龍麵吃法可得知，從前的日本人不斷地探索烏龍麵搭配醬油風味的吃法，讓這種醬油調味的吃法，急速普及於喜歡糊化麵食的日本人之間。

向中國學習「打麵法」的日本人，一邊吸收並融合中國的技術，同時也接納了烏龍麵（切麵）作為日本的和食。日後的日本拉麵也是以相同的模式發展，將原有的吃法轉為和食化，由此可見。

蕎麥麵的起源

蕎麥切麵也是日本獨特的麵食吃法之一。江戶時代蕎麥麵的成熟技術，多少影響到日後和食麵食與拉麵的發明，甚至具有極為密切的關係，這是筆者的推測。筆者將在第五章日本「吸取蕎麥麵技術」的過程，詳細介紹蕎麥麵與其他麵食的關係。

日本人是如何吸取技術並改良出獨特的蕎麥麵呢？當碾臼傳入日本後，蕎麥粉更容易取得。鎌倉時代中期，聖一國師從中國南宋回到日本後，據說他親身傳授日本人稻米、小麥、蕎麥的製粉法，因而被稱為蕎麥國師。現在每逢一月十六日聖一國師忌日，關西的蕎麥麵店會在奈良東福寺舉行法會。

此外，豐臣秀吉雖然喜愛吃蕎麥製品，但該時期卻尚未出現蕎麥麵，蕎麥泥（蕎麥糕）才是當時受歡迎的宵夜。蕎麥麵是從何時開始出現呢？根據江戶時代前期《慈性日記》的記載，近江多賀神社的僧侶慈性，曾在江戶的常明寺款待「蕎麥切麵」，這是文獻上首見蕎麥麵的記錄。然而，根據近年來學者的研究，大約再回溯四十多年前，從信濃的《定勝寺文書》發現了蕎麥麵的文字記載。另一種說法是江戶時代初期的寬永年間（一六二四至一六四四年），朝鮮的僧侶元珍在南都東大寺教導蕎麥麵的技術。

由於蕎麥粉並不像小麥麵粉會產生麩質，如何增加黏性是最大的課題。江戶時代中期，人們努力嘗試了各種方式以增加蕎麥麵的黏性，例如調整麵團的水溫，或是添加米糠、砂糖、核桃，來避免麵條水煮之後溶掉。江戶時代中期的《蕎麥全書》介紹增加黏性的方式為：①僅使用蕎麥粉打成的麵團風味極佳，但麵條容易斷裂且溶化。②糊化的稻米等穀類雖能增添黏性，但風味不佳。③添加豆腐或雞蛋等其他蛋白質，有損風味。④山藥能有效增加黏性，但價格昂貴。⑤可以使用一定比例的小麥麵粉，麵條不易斷裂，也不會因水煮而變成糊狀。有許多專業的廚師，夙夜匪懈地改良日本拉麵的麵質。同樣的，即使是江戶時代，前人的努力也具有相同程度。

前人經過不斷嘗試的過程，研發出蕎麥粉80％、小麥麵粉20％的混合比例，並使用擀麵棍延展麵團，以及用菜刀切割的方法。在寬文四年左右，二八蕎麥麵誕生，並

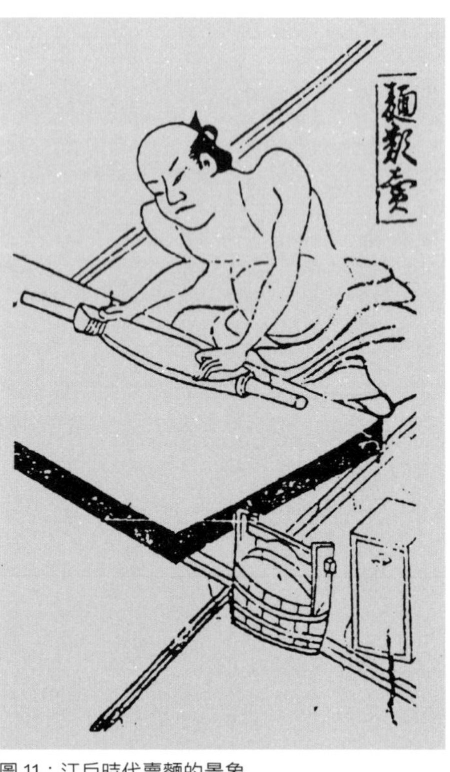

圖 11：江戶時代賣麵的景象
資料出處：《人倫訓蒙圖彙》

成為沿用至今的蕎麥麵標準比例。

有關於二八蕎麥麵的名稱，據說在天保年間（一八三〇至一八四四年），蕎麥麵價格通常為十六文錢，因此將價格拆成二乘以八來命名。但後來市面充斥了名為逆二八蕎麥麵的劣質蕎麥切麵，導致二八蕎麥麵之名隨著品質低落而消失，成為「駄蕎麥麵」（品質低下的蕎麥麵之意）的代名詞。隨著時代的演進，江戶時代的蕎麥切麵（蕎麦切り）之名已經消失，到了現代統稱為蕎麥或蕎麥麵。

關東與關西的麵食喜好差異

在江戶時代初期，烏龍麵或蕎麥麵為點心鋪的副業。到了江戶時代中期，江戶人對於蕎麥麵的重視程度比烏龍麵更高，此現象延續至今，因此有「關西烏龍、關東蕎麥」的形容。日本關西地區適合種植用來製作烏龍麵的小麥，品質俱佳；關東地區則是受火山地形圍繞，盛行栽種蕎麥。在這樣的風土氣候差異之下，在德川八代將軍吉宗在任的享保時期，相較於關西的烏龍麵，偏愛蕎麥麵的江戶人遽增。

在此以蕎麥麵的角度，來檢視關東與關西的喜好差異，這與地方特色拉麵或自成一派拉麵的喜好差異也有關係。關東地區的蕎麥屋，以配料來區分，主要有天婦羅蕎麥麵、鴨南蠻（蔥鴨肉蕎麥麵）、霰（蛤蜊蕎麥麵）、花卷（海苔蕎麥麵）等，沒有勾芡的雜燴蕎麥麵（のっぺ）或卓袱蕎麥麵（しっぽく）。卓袱蕎麥麵於幕末時期傳入關東，再演變成為阿龜蕎麥麵。在江戶時代，如果來到蕎麥屋，店家自然會端出蕎麥麵，烏龍麵愛好者必須額外點餐，才能品嘗到烏龍麵；當時的蕎麥湯麵被稱為淋汁蕎麥麵。在關西地區，沒有賣關東人喜歡吃的蕎麥湯、蕎麥冷麵、蕎麥糕。此外，關西地區的麵食演變成為以烏龍麵或素麵為主，關東地區則是演變為冷麥。

轉換一下話題，當日本料理的主流從精進料理（素齋）→懷石料理→會席料理演進時，也誕生了京都薄口、江戶濃口的醬油風味差異。關西的風味能凸顯食材本身的味道，屬於女性風格；偏向男性風格的關東風味，則是以凸顯醬油風味為主。另一種說法是，關西受惠於新鮮的食材，得以保持原有風味；關東的醬油調味方式，是為了保持食材的新鮮度所產生的智慧。從這個時期開始，各地也產生了拉麵口味喜好的差異性。

此外，江戶時代的蕎麥麵店盛行的背後，有一段能逗蕎麥麵愛好者開心的小故事。這段故事與淺草道光庵的和尚有關，道光庵是一五九六年（慶長元年）安土桃山時代創建於湯島的知恩院子院，從信州松本到此修行的和尚喜歡製作蕎麥麵，使得道光庵蕎麥麵遠近馳名，客人絡繹不絕。由於道光庵的和尚就像是在開蕎麥麵店一樣，而疏於修行，激怒了本寺，便命人在寺院門口設置了「不許蕎麥入境內」的石碑。道光庵經歷數次大火，移建至世田谷的寺町，斷成兩半的石碑經過修復保存至今。現今有許多蕎麥麵店的店名都是以「〇〇庵」來命名，就是老闆期盼店內生意能跟道光庵一樣，絡繹不絕。

接下來，繼續介紹江戶時代關東與關西的麵食喜好差異。《日本食物史（上）》記載京都與大阪的烏龍麵：「所謂的卓袱，是在烏龍麵上添加玉子燒、魚板、香菇、茨菰等食材。餡平（あんぺ，海鰻魚板）與卓袱烏龍麵相同，會淋上葛粉醬油。雞卵是蛋花烏龍麵，小田卷的配料與卓袱烏龍麵相同，但烹煮方式是再加入蛋液蒸熟，這是江戶所沒有的料理。無論是十六文錢的烏龍麵或蕎麥麵，都是用平盤承裝，卓袱烏龍麵則是用碗盛裝。」如果在江戶的蕎麥屋，詢問老闆蕎麥麵是湯麵還是冷麵時，老闆會回答「霰蕎麥麵就是在蕎麥麵上加入蛤蜊，天婦羅蕎麥麵是在麵上添加三到四隻炸芝蝦。花卷是蕎麥麵加入了淺草海苔片，卓袱蕎麥麵的配料則與京都及大阪的卓袱烏龍麵相同，是從關西傳來的。」

然而，到了寬文年間（一六六一至一六七三年），吉原遊廓出現了慳貪蕎麥麵，發明者仁右衛門待客冷淡，老擺出愛賣不賣的態度，但因為慳貪蕎麥麵整碗裝到滿，顯得份量十足，反而廣受江戶人的好評。在一六八九年（元祿二年），烏龍麵與蕎麥麵的人氣逆轉，到了享保年間（一七一六至一七三六年），蕎麥麵屋也開始販售烏龍麵。此外，到了中期，出現了夜鷹蕎麥麵及風鈴蕎麥麵，關西地區則盛行夜啼烏龍麵。圖12為風鈴蕎麥屋的攤車，攤車老闆會掛上風鈴叫賣，日後則演變為日本拉麵攤車的吹嗩吶叫賣形式。

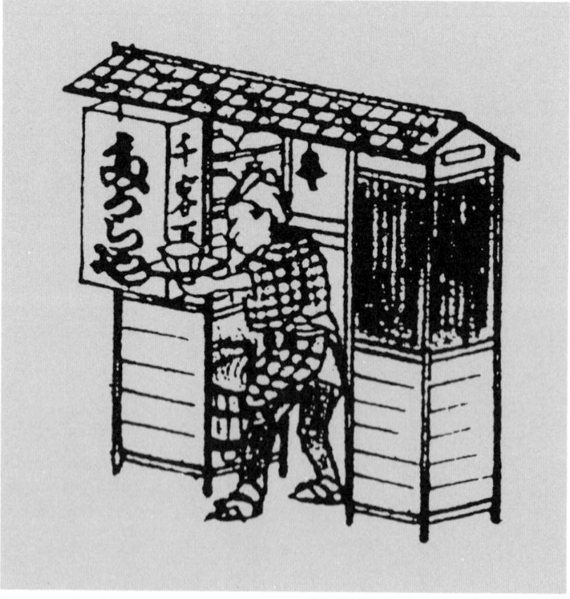

圖 12：風鈴蕎麥屋攤車
資料出處：《守貞漫稿》

另一方面，到了江戶時代中期，農家也開始使用石磨，平民階層也盛行使用蕎麥粉或小麥麵粉製作麵食。使用百分之百蕎麥粉製作而成的蕎麥麵，被稱為生蕎麥麵，即使在現代也被蕎麥麵愛好者視為珍品。在水煮生蕎麥麵時，由於麵體容易溶化且斷裂，所以在江戶時代，人們都是用蒸籠蒸蕎麥麵。

到了江戶時代中期的寬政年間，這些平價麵屋完全失去生意，並經歷數次的飢荒與大火，幕府多次下令禁止蕎麥麵屋及烏龍麵屋營業。然而，幕府的禁令還是難以壓抑平民的麵食喜好，在一七八七年（天明七年）時，江戶的蕎麥麵屋原本只有六十五間，到了幕末的一八六〇年（萬延元年）時竟增加到三千七百六十三間。雖然店面規模不同，但與現今東京的蕎麥麵店約有六千家相比，可見江戶人喜好蕎麥麵的程度。江戶經歷數次飢荒與大火後，幕府下令禁止買賣烏龍麵、蕎麥麵、素麵和饅頭，也頒布了叫賣商的禁止令。

然而，因為江戶人偏愛蕎麥麵，甚至還急速普及於平民階層，並滲入平民的娛樂圈，使多樣化的精緻蕎麥麵大為流行。加入各種名為「色物」的當季食材揉製而成的蕎麥麵，包括鮑魚蕎麥麵、鯛魚蕎麥麵、海苔蕎麥麵、蝦蕎麥麵、柚子蕎麥麵、橘子蕎麥麵、芝麻蕎麥麵、罌粟蕎麥麵、山葵蕎麥麵、菊花蕎麥麵、百合根蕎麥麵、海膽蕎麥麵等，多達五十種。拉麵中的中華麵雖然也有各種變化與講究製法，但像這類的創意與發明，可說是日本人最擅長的地方。

經歷時代變遷，即使到了明治時代，依舊繼承江戶時代的蕎麥麵屋風俗。但是，經歷了一九二三年的關東大地震，日本人的飲食型態便大為改變。麵屋的地面從榻榻米改成木頭，並擺放了桌椅，原本主流的手打蕎麥麵變少，蕎麥麵屋開始販售炸豬排丼、親子丼、咖哩飯等洋食，並且出現了支那麵。

從現代回溯過往的歷史，光憑手打麵並無法滿足日本人喜好麵食的需求，因此開始思考麵食如何量產化。來自佐賀縣的真崎照鄉，於一八八三年（明治十六年）發明日本第一台製麵機。從大正至昭和時代，製麵機經過多次改良，機器製麵條的生產量顯著成長，使得機器製麵條的全盛期持續一段時間。

不過，有人開始批評機器製麵條的風味欠佳。例如，使用相同種類的麵粉製作時，製作手打麵需要加入40至50%的水；但製作機器製麵條只有加入30至35%的水。機器製麵時，如果麵團質地太濕、不夠乾，就會因過於黏稠而無法碾壓出扁平的帶狀，因為沒有充分形成麩質，所以用機器製成的麵條欠缺彈性。

在這個時期，機器製麵的技術已有極大的進步。過去的製麵方法是在麵粉裡加水，慢慢地揉捏，這樣是為了讓麵團逐漸產生麩質。然而，後代經過長年的構思，使用每分鐘轉速為數千轉的攪拌機，研發出瞬間將麵粉顆粒與水（霧）混合的方法。透過這種方法增加水量，麩質的產生更為完美，麵條的風味顯著提升，水煮時也不容易糊掉，成品良率極高，麵條口感與彈性廣受好評。以上述方式製成的麵條稱為多加水麵，其口感近似於手延或手打麵，與過去有明確區隔的「手延」、「手打」、「機器打麵」之間的差異已經縮小。此外，還陸續運用了調整酸鹼值的靜菌作用、水活性、乾燥劑、冷凍等技術，生產出包裝麵條、半生麵條、冷凍麵條等能長期保存具有韌性的麵條。前人對於提升打麵技術的堅持與努力，終於開花結果，當時的世人得以隨時享用現煮的彈牙麵條。

蕎麥的吃法

要再次回到江戶時代，江戶時代初期的蕎麥麵黏性不佳，麵下水煮的時候容易斷裂或糊掉，當時的人們用盡各種方式，可說是煞費苦心。之前已經介紹過該如何加強蕎麥麵的黏性，但接下來要介紹的是水煮法。煮蕎麥麵時不是直接煮熟，而是先燙過，再將麵條放進蒸籠蒸熟，因此也稱為蒸籠蕎麥麵或蒸蕎麥麵，從現代的蕎麥麵容器中，依舊能見到過去的傳統。蕎麥冷麵因為是用蒸籠盛裝，稱為盛蕎麥麵（もり）。到了明治時代，笊蕎麥麵（ざる）指的是撒上海苔片的蕎麥麵，但它原本是指用竹筐盛裝的蕎麥麵，盛拉麵也是源自同樣的靈感。笊蕎麥麵是江戶時代深川地區蕎麥屋「伊勢屋」的創意，老闆發明了笊蕎麥麵搭配特製濃味醬汁的吃法，深受江戶人的好評。

江戶時代的眾多文獻記載蕎麥麵的吃法，整理如下：①跟烏龍麵一樣泡進湯汁裡品嚐。②適合添加山葵、辣椒粉、蘿蔔泥、柴魚片、細香蔥等調味料。③蕎麥麵放置整晚麵體變長時，可以淋上熱茶，讓麵條恢復剛煮好的狀態。④如果吃太多蕎麥麵，可以去藥房買梅子來吃，頓時消化順暢。到了江戶時代中期的明和年間（一七六四至一七七二年），在蕎麥麵愛好者之間盛行直接把醬汁倒在蕎麥麵上的豪邁吃法，稱為淋汁蕎麥麵。淋上醬汁後快速吃下肚的淋汁蕎麥麵吃法，與烏龍麵的吃法完全不同，淋汁蕎麥麵的日文名稱「ぶっ掛け」也演變成現代的「掛」蕎麥麵。

此外，從該時期開始，陸續出現各種加入配料的淋汁蕎麥麵，被稱為「加藥物」，也就是含有配料的蕎麥麵。像是卓袱蕎麥麵（寬延時期）、花卷（安永時期）、鴨南蠻（文化時期）、天婦羅蕎麥麵（文政時期）、阿龜蕎麥麵（幕末時期）等，都受到百姓的青睞。另外到了明治時代，還出現了可樂餅蕎麥麵、咖哩南蠻蕎麥麵、炸豬排蕎麥麵等品項。放在烏龍麵或蕎麥麵上面的配料被稱為「上置」，日本各地的地方蕎麥麵對於上置特別講究，日本人對於烏龍麵或蕎麥麵的創意與思考，也透過拉麵的配料加以重現。由此可見，將麵食當作料理的中國人，以及將麵食當作風趣嗜好的日本人，兩者有極大的差異。

根據《江戸東京美食歳時記》（江戸東京グルメ歳時記，雄山閣）的記載，足以被列為美味蕎麥麵的條件，是麵條要有嚼勁，彈性極佳，麵體飽滿具有黏性，外觀優雅柔美，散發自然的甜味與風味，色澤與香氣俱佳。日本人對於拉麵的嗜好，可說是與蕎麥麵一脈相承。

較晚誕生的拉麵之謎

從中國傳入日本的製麵技術，是如何被日本人吸收與融合呢？在以上的章節中，透過詳實的內容，回顧了製麵技術發明的過程，並詳細說明日本人獨特的麵食「吃法」。不過，由於拉麵並未正式登場，有些讀者可能會對以上的內容感到乏味。

在此，以簡要的段落再次回顧日本麵食的歷史變遷。唐菓子（奈良至平安時代）↓索餅↓索麵↓素麵（平安至鎌倉至室町時代）↓烏龍麵（室町時代）↓蕎麥麵（江戶時代）。以及機器製麵（明治時代中期）↓拉麵熱潮（第二次世界大戰後）↓泡麵到杯麵（昭和三三至四六年）↓義大利麵（二十世紀後半）。

就結論而言，江戶時代以前的日本人，對於中國的麵食完全不感興趣。但是，就在第二次世界大戰之後，急速迎接「拉麵熱潮」的到來。有關於拉麵熱潮之謎先賣個關子，從下一章開始，終於要述說引人入勝的日本拉麵的故事。

第 3 章
拉麵的萌芽

拉麵誕生的背景

沒有全盤接受中國麵食吃法的日本，雖然進展緩慢，但卻在明治維新之後看見了拉麵萌芽的契機。首先，在日本各地誕生了支那烏龍麵、南京麵、強棒麵、燴麵、支那麵等麵食，這些麵食是由從中國來到日本的廚師所製作而成，是華僑和中國留學生的日常食物。當日本人也漸漸地愛上這些麵食，廚師為迎合日本人的口味，便將麵食口味加以改良。此外，販售拉麵的場所也如雨後春筍般冒出，例如以中國客人為主的路邊攤，吹著嗩吶的支那麵攤車，大眾化的支那餐廳和百貨公司美食街等。

大正時代的支那料理熱潮扮演推波助瀾的角色，並且建構了日本人接受油類料理和豬肉料理的基礎。當時的日本平民開始感受到支那麵的魅力。

但在迎接這些演進之前，還是有一些尚待克服的障礙。

江戶時代日本人試做中國麵食的例子

筆者在上一章的結語提到，江戶時代以前的日本人，對於中國的麵食完全不感興趣，但還是有許多例外之處。

根據《進化的麵食文化》（foodium communication）記載，位列京都五山的禪寺相國寺，相傳有一本《居家必用事類全集》。相國寺僧侶所著的《蔭涼軒日錄》，留下試做經帶麵的記錄，該麵的製法參考了《居家必用事類全集》，當時為室町時代中期。他在《蔭涼軒日錄》中寫道：「想依據書中的方式試著重現經帶麵，削鹼溶於水，在小麥麵粉中加入鹼水揉捏，將麵團切成繩狀；但當時的日本沒有產鹼，也沒有小蘇打或鹼水，只能使用灰汁。」據說加入灰汁製成的經帶麵，不符合日本人的口味，當然無法普及。

另一個有關於中國麵食的記載出自《水戶黃門的餐桌》（水戶黃門の食卓，中央公論社），在江戶時代前期的一六六五年，水戶藩主水戶光圀（黃門）邀請定居長崎的明朝學者朱舜水前往江戶講學，小石川後樂園及湯島聖堂，都是與水戶光圀有深厚淵源的知名景點。據說，朱舜水曾經招待水戶光圀品嚐中國的麵食，包括加入蓮藕粉增加黏性的麵食、火腿湯，添加川椒、青蒜絲、黃芽韮、白芥子、芫荽之五種調味料（五辛）製成的日本拉麵風中國麵食。不過，後人無從得知這些麵食的味道如何。《水戶黃門的餐桌》作者小菅桂子記載，朱舜水在元祿時期從中國傳入拉麵，水戶黃門則是日本第一位吃到拉麵的人。由於水戶藩靠近江戶，有較多的機會能接觸異國文化，水戶光圀特別喜歡朱舜水和心越禪師傳入的南蠻料理。此外，水戶藩的第九代藩主水戶齊昭著有《食菜錄》，記載了多達三百種的料理。水戶藩歷代藩主都是嚐遍美食的老饕，這是很罕見的情形。

可是，直到幕末前的兩百多年期間，完全找不到有關於江戶時代麵食的文獻記錄。對於日本人而言，中國的麵食屬於異國食物，無法迎合日本人的口味。

拉麵的三大門檻

為何江戶時代以前的日本人會厭惡中國的麵食呢？先講結論的話，對於當時的日本人而言，要轉變成為喜歡拉麵的類型，有三大必須跨越的門檻，包括：①忌諱肉食。②忌諱油類料理。③鹼水的取得方法。這是極為困難的三大門檻。

首先是忌諱肉食，自從天武天皇頒布禁止食用肉類的「禁止殺生肉食之詔」後，日本人有一千二百多年的期間，受到嚴格教育，不得食用牛、豬等肉食。然而，當明治維新打破長年以來的鎖國政策之後，日本搭上急速近代化的浪潮，要追上歐美先進列強，引進西方文明是不可或缺的過程。因此，唯有解禁食用肉食，日本人的體格才能有所成長，並一掃日本人體力較差的自卑感。一八七二年（明治五年），明治天皇頒布《肉食解禁令》，帶頭大口吃肉，政府及知識份子積極地引進西洋料理。但是，平民不太接受不符合口味的肉食，便發明了添加味噌或醬油調味的和風風味牛肉鍋或壽喜燒。平民發揮創意與智慧，製作出炸肉排、咖哩飯、可樂餅等和風化的西洋料理。如此的轉變是需要一段時間適應的，例如光是炸豬排丼的誕生，就花了六十年的歲月。

同時，在轉換成肉食的過程中，要讓豬肉在民間普及，似乎要花費永無止盡的時間。在江戶時代初期，豬肉從中國經由琉球，傳入九州的薩摩。即使要將豬肉當成南蠻料理或卓袱料理的食材，但就當時的日本人而言，豬肉仍算是不高雅的食物。明治維新後，牛肉首先進入民間，口味接近山豬肉的豬肉並不符合文明開化的概念，作為新時代的食物，平民持續對豬肉敬而遠之。到了明治三十年，日本農商務省開始從美國引進種豬，平民才逐漸習慣豬肉的味道。大正年間（一九一二至一九二六年），遠比西洋料理更晚，支那料理熱潮終於到來。

接著是忌諱油類料理，中華料理可說是將油發揮到淋漓盡致的類型。烹調時運用中式炒鍋，油是不可或缺的材料。另一方面，以禪寺料理為基礎的傳統日本料理，充分發揮割烹料理的技巧。「割」為切、「烹」為加熱烹煮之意。換言之，中華料理是以油類料理為基礎，日本料理則是世界上罕見的缺乏油脂料理文化。提到江戶時代平民的飲食，是以糰子、饅頭、年糕紅豆湯、味噌烤豆腐、涼粉、烏龍麵、蕎麥麵、天婦羅、握壽司、烤花枝、鰻魚丼等路邊攤小吃為主。也就是說，如同筆者在第二章所介紹，日本麵食文化的演進，是傾向忌諱油類料理的方向。

第三點，當時的日本人難以取得鹼水，無法製作添加鹼水的麵條。該如何解決這個問題呢？在之後的章節會詳加論述。

羊羹是驚人的和風化技術

此外，日本人的特質就是具備耐心，肯花時間將吸收的異國食物轉變為和風食物，而且往往得花上大量的時間。在此以羊羹為例，介紹日本人是如何加以轉換的。

如果將砂糖甜點的羊羹寫成羊肉羹，對於日本人而言，並不會覺得不可思議，這是什麼呢？在鎌倉時代，從中國傳入了加入羊肉煮成的羹，信仰佛教並忌諱食用肉類的日本人，將羊肉羹的原料換成羊肝色的紅豆。在中國，羊肝是將羊肉加入黑糖煮成的熱湯料理。到了室町時代，由於茶道盛行，羊羹轉變為適合茶道人士的日本代表性和菓子。蒸羊羹的原料是紅豆餡、砂糖、麵粉，將原料混合後蒸製而成，口感極佳，但不耐久放。

日本人也在製作羊羹時持續發揮智慧。當日本人發現可以使用石花菜製作寒天時，在安土桃山時代，京都伏見的駿河屋便發明了煉羊羹。製作方式是在紅豆餡中將砂糖和寒天混合拌入，再等待冷卻凝固，由於糖分濃度較高，便可以長期保存。像是在中國傳入的饅頭中加入紅豆餡，或是因為忌諱肉食而將中國甜點「牛皮」改寫為「求肥」等，從這些和風化的食物技術中，能感受到日本人展現出有別於中國人的強烈執著與堅持。耗費大量精神與時間將中國的麵食轉變成和食化的拉麵，也是前人持續努力的成果。

沖繩麵的由來

回顧歷史，距離拉麵的誕生越來越近了，首先要介紹沖繩麵的由來。獨具特色的沖繩麵又名為：うちなあすば（u chi na su ba），是首里中央方言。據說沖繩麵是在

四百五十年前的琉球王朝時期，從中國福建省傳入，當時中國派遣約四、五十位的冊封使來到沖繩，在沖繩待了半年，據傳冊封使還帶來了日本最早的豚骨湯頭。有關於沖繩麵的由來，常見的說法是在明治時代中期以後，由福建省傳入添加灰汁製成的寬麵。

沖繩麵的烹調形態介於中國的麵食，以及日本的烏龍麵及蕎麥麵，麵條較粗且具有彈性。在追尋拉麵的源頭時，沖繩麵的存在令人感興趣。雖然日文名為沖繩蕎麥，但製作時沒有使用蕎麥粉，而是在小麥麵粉中加入榕樹灰汁或從長崎取得的唐灰汁，手揉麵團並水煮後，在麵條表面抹油而來。

花時間熬煮而成的濃郁豚骨及雞骨湯頭，加上清澈的柴魚高湯，最後放上五花肉、魚板、紅薑、蔥、蛋絲。如果再加上帶骨的豬排骨肉，就可製成沖繩排骨麵。有人說沖繩排骨麵很像中國的紅燒豬腳湯麵，食材包括粗麵條、醬油味雞骨湯頭、蕃茄、筍子、荷蘭豆，以及用醬油煮到入味的豬腳。由此可見，沖繩與中國福建省有極深淵源，建構了有別於日本本土的獨特豬肉與油類的飲食文化。

橫濱居留地與華僑

終於要從橫濱開始介紹拉麵萌芽時期的軼聞與故事。結束了長年來的鎖國政策，幕末的一八五九年（安政六年）六月二日，橫濱成為開港地，開始與歐美通商。橫濱是筆者出生與成長的都市，記得在六月二日開港紀念日時，橫濱各中小學同時宣布放假，是一段令人懷念的回憶。一八七一年（明治四年），中國清朝與日本簽訂《中日修好條規》（日清修好条規），來自廣東省的中國人來到橫濱山下町一帶找工作，橫濱成為華僑的居留地。一八九七年（明治三十年），華僑超過兩千人，這時候街頭出現了專賣廣東人的「柳麵」麵攤，柳麵是拉麵的廣東話標記。

柳麵是使用菜刀切麵製作而成，不是手延拉麵，使用豚骨熬煮出清澈的鹽味湯頭，沒有任何配料，用料簡單，讓人想起廣東的家鄉味，是受廣東人喜愛的麵食。一八九九年（明治三十二年）新的條規修正後，攤販可以自由在居留地以外的地區做生意，便有日本人開始喜歡上柳麵。在不知不覺中，「南京街的蕎麥」被改稱為「南京蕎麥」（南京麵），只要去一趟南京街，就能品嚐到中國人製作的道地南京麵，因此大受好評。到了明治時代末期，「支那麵」之名也產生轉變。

部分歷史文獻留有此時期有關南京麵的記載，在明治三十八至三十九年時，日本人與販售支那麵的麵攤往來頻繁。生於橫濱的小說家獅子文六在著作《南京料理開端》（南京料理事始め）寫道：「即使是天不怕地不怕的調皮少年如我，在首次品嚐支那料理時，也需要極大的勇氣。（中略）吃完麵悶悶不樂的回到家，看到其他料理也沒有食慾，總之支那麵不算好吃，也不能說是難吃。」對於長年來忌諱肉食或油類料理的日本人而言，還是難以接受豬肉或豬油的腥臭味。

因此，為了迎合日本人喜歡醬油口味的飲食習慣，有人開始在麵食中加入關東風味醬油，試圖蓋過肉腥味。在中華湯頭中加入醬油調味，成為和風化麵食的開端。如同前述，日本人長年來的麵食吃法，都是用醬油調味，在日本麵食文化之中，南京麵也逐漸被同化。

然而，日本也開始有南京麵的愛好者現身，編劇長谷川伸在著作《自傳隨筆 新子半代記》（自伝随筆 新コ半代記，寶文館）記載，新子（長谷川伸）在一九〇〇年（明治三十三年）十六歲時，定居於橫濱的居留地，身受居留地的廣大魅力所吸引，南京街的遠芳樓是他常去的餐館。書中記載：

新子點了柳麵後，老闆點點頭便離開，用奇怪的口音喊著「一個柳麵」。（中略）豬肉蕎麥柳麵為五錢，柳麵上頭擺放了切碎的水煮豬肉與筍片，無論是麵條或湯頭都美味無比，還可以免費續湯。只要說出「湯」這個字就夠了，不用再說出任何多餘的詞語。新子在遠芳樓裡頭，只有說過柳麵和湯這兩個字。

透過書中的描述，聯想起深受長谷川伸喜愛的南京麵情景。據說他愛上橫濱的柳麵之後，即使天天吃也吃不膩。小說家池波正太郎也是知名的美食愛好者，他在著作《散步時總想吃點什麼》（散歩のとき何か食べたくなって，平凡社）寫道：

出身於橫濱的亡師長谷川伸，總想念明治時代末期支那飯館的拉麵。位於寂靜的袋小路後方隘巷中，有一間名為「德記」的拉麵店，拉麵絕頂美味，真想讓他吃吃看。記得亡師都會說「柳麵」，而不是「拉麵」。

神戶與長崎和橫濱同為開港地，也有許多居留的華僑，提供華僑用餐的餐館陸續增加，形成了橫濱、神戶、長崎之日本三大中華街。

然而，中國土地幅員遼闊，國土面積是日本的二十六倍大，因此在中國不會只有單一的中華料理。簡單來說，以長江為分界，又可分為北方料理與南方料理，其中的麵食特徵可說是南轅北轍。筆者曾在第二章介紹中國人的麵食吃法，由於與日本的麵食有所關聯，如果要再次說明，就是中國北方的粗麵沒有使用鹼水，使用醬油調味的湯頭味道濃郁，傳入日本的橫濱到東京地區，形成濃郁醬油文化圈；添加鹼水製成的中國南方細麵，其湯頭是清淡的鹽味湯頭，傳入日本後演變成為長崎強棒麵與燴麵。無論是北方或南方的麵食，只要迎合日本人的口味愛好並加以改良後，型態就有很大的轉變，在其終點線上，也看見了和食拉麵的蹤影。

長崎的強棒麵與熗麵

此時，不屬於烏龍麵或拉麵的中華麵食在某段時期突然出現，接下來的主題要轉移到長崎，也就是長崎的強棒麵與熗麵。

一八八七年（明治二十年），從中國福建省來到長崎的中國人陳平順，開設了支那餐廳四海樓。他發現，從中國移民到長崎的華僑及留學生大多身無分文，決定利用生活周遭的各類食材，研發出平價、好吃、營養豐富且份量充足的料理。大約在一八九九年（明治三十二年），橫濱的南京麵開始受到歡迎，四海樓的麵食也廣受好評，被稱為「支那烏龍」。到了大正時代，「支那烏龍」被稱為「強棒麵」。強棒麵的做法，是使用豬油炒豬肉、雞肉、魚、蝦仁、花枝、牡蠣、蛤蜊、竹蟶、蔥、豆芽菜、洋蔥、蒜頭、紅蘿蔔、高麗菜、筍子、香菇、木耳、魚板、竹輪、鱈寶豆腐（はんぺん）等十五種以上的食材，再加入以豬骨或雞骨熬煮而成白色湯頭，下麵將麵條煮至入味，再添加淡色的長崎醬油調味。強棒麵的麵條製法是混合各一半比例的高筋與低筋麵粉，並添加唐灰汁揉麵，被稱為「強棒玉」的麵條粗細度介於烏龍麵與拉麵之間。唐灰汁能讓麵條增添獨特風味，並延長保存時間。麵條、湯頭、配料三種要素渾然一體，使得強棒麵產生了滿足感與飽足感，是拉麵的原型之一。

據說陳平順節儉成性，間接促使強棒麵的問世。他運用每天剩下的肉類、魚類、蔬菜等食材，將這些食材切碎後下鍋炒，成為餐廳員工及家人的伙食。由於色香味俱全因而大受好評，最終推出商品化的「強棒麵」。

關於強棒麵的語源出處，有以下的說法：①從福建話「食飯」演變而來的發音。②古長崎的方言，為混合雜七雜八的東西之意。③五島福江的傳統舞蹈「チャンココ踊り」，將樂器鉦的「鏘」（ちゃん）與鼓的「砰」（ぽん）等樂器擬聲字組合在一起，成為「強棒麵」（ちゃんぽん，chan pon）的語源。

據說強棒麵的原型為湯肉絲麵及炒肉絲麵，前者為湯麵、後者為炒烏龍麵，無論是得花上三至四小時熬煮湯頭的運用方式，或是在麵糰上淋油以大火快炒的火侯控制，都是相當難的技巧，陳平順在發明強棒麵的過程中也是耗費苦心。學習製作強棒麵的訣竅，也與現今製作拉麵有幾分相似。從四海樓開店當時的照片，可以見到「支那料理四海樓餛飩」這幾個字，因此強棒麵也屬於支那烏龍麵，據傳是長崎烏龍湯麵的始祖。

一九〇七年（明治四十年）的《長崎縣紀要》以「強棒」（書生喜好的食物）為題，寫道：「中國留學生遍佈各地，非罕見之事，市內數十處。中國人製餛飩混入牛豬肉蔥，味道濃郁，吃不慣之人感到厭惡，然多數書生偏好此食。」這是第一次出現強棒記載的文獻。無論在哪個時代，年輕人對於新發明的食物都抱持莫大的興趣。強棒麵的名稱從支那烏龍、ちゃぽん，演變成為「強棒」。

到了大正時代，還出現有關強棒麵的歌曲，《四海樓物語》（西日本新聞社）記載了歌曲內容：「無論滑倒或跌倒，來到四海樓，吃上一碗強棒麵，立刻站起來。」「學生口耳相傳，吃碗強棒麵，痘痘少十顆，營養滿分。」

還有另一個與強棒麵有關的故事，詩人兼精神科醫師齋藤茂吉外派前往長崎醫專工作時，因為特別喜歡吃強棒麵，經常前往四海樓，結果愛上陳平順的女兒玉姬，他曾寫下短歌一首：「朝思暮想，造訪四海樓，為見陳玉，一解思念之情。」齋藤茂吉透過短歌，對於這位身著中國服裝的美麗異國女子，傳達單戀之情。陳平順有兩位女兒，名為玉姬及清姬。

因此，伴隨著長遠的歷史，強棒麵受到眾人喜愛，相關的故事不勝枚舉。《四海樓物語》記載：「出生於長崎的漫畫家清水崑，每次回到長崎都會到四海樓吃強棒麵，他總是把『去吃強棒麵』這句話掛在嘴邊。對他而言，如果來到長崎沒有去吃強棒麵，就很像是來到魚攤卻沒有買魚的感覺。」此外，《山打根的八號娼館》（サンダカン八番娼館）的作者山崎朋子曾寫道：

先仔細地夾起強棒麵的配料吃光光，再把剩下的湯一滴不剩喝光，最後剩下麵條整齊地留在碗底，強棒麵的美味令人難以抗拒。我跟第二代老闆陳揚春說：「湯實在是太好喝了！」他語帶感謝地說：「山崎朋子小姐的強棒麵吃法果然專業。」

燴麵的做法與強棒麵相似，是在湯汁中加入太白粉勾芡，加入配料炒熟，接著在麵條上頭鋪上配料與湯汁，使用的是油炸或炒的粗麵。由於盤底的麵條吸收了湯汁，產生極佳的風味。現今長崎市區大約有數百家中華料理店，而強棒麵店則超過千家，熱愛強棒麵人士還組成「長崎強棒麵協會」，大約有兩百位會員以嚴格的標準與眼光，持續守護著強棒麵的傳統。

淺草六區的來來軒

接著來到東京，要繼續介紹麵食的發展。一九一〇年（明治四十三年），大眾餐廳來來軒於淺草公園開張，販售支那麵、餛飩、燒賣等食物。來來軒被譽為是大眾支那麵的始祖，店裡設有吧台與座椅，陳設簡單。店家主打便宜又美味的支那料理，客

圖 13：大正十二年的來來軒
資料出處：《日本拉麵物語》講談社

人吃完後往往會有飽足感。此外，淺草還是供平民玩樂一整天的繁華街。

橫濱南京街的廣東廚師來到淺草，不斷嘗試製作符合日本人口味的麵食。雖然豬骨加上雞骨的湯頭味道濃郁，但廚師仍努力思考如何製作出清爽的湯頭，最後決定將鹽味改成關東的濃口醬油風味。過去只是在麵食中添加蔥花，但經過改良後增添了筍乾、叉燒、蔥花；如同日本蕎麥麵的豐富配料，在一碗

10錢的支那麵放上了日本人喜歡的上置（配料）。當客人點餐後，老闆會用爽朗的聲音回應：「好的，拉麵一碗。」

最初支那麵原本是手延拉麵，由於較為罕見，慕名而來的客人絡繹不絕，到了一九三〇年（昭和五年），變成半手打的擀麵。先使用長竹棒擀麵，再改用製麵機來增添麵團的彈性。到了昭和十年，就變成完全用機器製麵的切麵。在拉麵被稱為支那麵的時代，麵條打法從手延、手打，演變為機械打麵，這些打麵名稱開始混用了起來。

創設來來軒的尾崎貫一，原本是任職於橫濱海關的公務員，在五十二歲時退休，決定轉行開設支那麵屋。在那個無法確定支那麵是否能被日本人接受的時代，他竟毅然而然拋棄公務員身分，轉行當廚師，並發明了構成東京拉麵源頭的「支那麵」。如同來來軒招牌上頭所寫的「營養的支那料理，蕎麥、餛飩七錢」，來來軒的名號在東京平民之間廣為流傳，生意興隆。據說在一九二一年（昭和五年），來來軒還聘請了十二位中國廚師。來來軒的麵碗並不像現代麵碗般精緻華麗，白底沒有任何花紋，只有一條藍色的線條，外觀樸實。

廣受歡迎的來來軒，受到第二次世界大戰的波及，在一九四三年（昭和十八年）暫停營業。到了戰後的一九五四年（昭和二十九年），於東京車站附近的八重洲重新營業，持續營業至一九七六年（昭和五十一年），因無人繼承而歇業。之後，在日本各地僅留存同樣將店名取為來來軒的拉麵店。

之後的東京拉麵製作流程，便是以豬骨加上雞骨熬煮成湯頭，並以碗底的醬油醬汁為基礎，再添加柴魚片與昆布。由於江戶人不喜歡湯頭的雜質與油膩感，透過上述的食材與製作方式，就能製作出受江戶人青睞的清淡口味支那麵。支那麵的麵條較細具有彈性，配料包括叉燒、筍乾、蔥花、菠菜、鳴門卷魚板、海苔、豆芽菜、裙帶菜、水煮蛋、甜玉米、大蒜、泡菜等，隨著時代變遷添加各種配料，成為受年輕人喜好的麵食。

札幌的竹家食堂

筆者在本章介紹各地有關於拉麵故事，顯得熱鬧非凡，接下來要來到北海道，帶各位了解札幌的拉麵發展史。如同在第一章探索拉麵源頭的記載，在追溯蕎麥麵的起源時，有源自信濃、甲州、鹽尻等地區的說法，到了這個時期，拉麵在日本各地也開始萌芽。

時代從明治來到大正，《這就是札幌拉麵》（これが札幌ラーメンだ，北海道新聞社）寫道：

到了大正十一年十月，位於札幌市北九條西四丁目二番地的竹家食堂（之後改名為支那料理店），老闆娘名叫大久辰，她將原本被稱為「支那麵」的蜷曲黃色麵條，改稱為「拉麵」。雖然「支那麵」被改名為「拉麵」，但竹家食堂的客人還是叫不習慣「拉麵」這個名稱。直到昭和五年，當市內的咖啡廳菜單也放上「拉麵」名稱後，札幌市民才開始稱之為「拉麵」。

在拉麵之都札幌，存在如此簡單明瞭的拉麵語源故事。到了大正時代，形成拉麵的名稱；到了昭和時代初期，咖啡廳的菜單新增了拉麵。

繼續介紹竹家食堂的故事。生於宮城縣的大久昌治來到北海道謀生，曾經做過國鐵鐵路員工、警察、栽種豆子、經營照相館等工作，但都做得不順遂，輾轉換了好幾個工作。到了一九二一年（大正十年）十月，大久昌治在北海道大學正門前開設竹家食堂，販售親子丼、玉子丼、咖哩飯等食物。

過了一個多月，有位名叫王文彩的山東籍廚師來到竹家食堂，他因遭遇日俄軍事衝突事件，來到北海道札幌市避難。大久夫婦相當同情這位廚師的遭遇，決定雇用他來店裡當廚師。到了隔年，大久夫婦在店門口掛上「支那料理・竹家」的招牌，店內的菜單還有肉絲麵，肉絲麵食材包括豬絞肉、雞骨、海鮮、蔬菜湯頭，加入小蘇打製成的拉麵麵條等，最後再加上油炸後切細的豬肉。當時店裡所使用的麵條，其製作方式是先將麵團放進甕裡，再蓋上濕布防止麵團表面乾燥，等到客人點餐後再取小塊麵團，用手來拉麵。

該時期的北海道大學大約有一百五十位的中國留學生，王文彩製作的肉絲麵在短時間內大受好評，因為是由中國人製作的中國麵食，口味道地且較為罕見，開始吸引日本客人前來光顧，還把店裡的麵食稱為「清國奴麵」（チャンコロそば）。

大久辰對這個歧視用語感到痛心與不安，由於王文彩在出餐的時候都會高喊「好啦、好啦……」，大久辰便根據「啦」這個長音，創造了拉麵這個詞彙。因為拉麵這兩個字好記又好唸，客人也逐漸習慣這個名稱，支那麵的名稱在札幌很快地變成拉麵，但比起淺草來來軒的「拉麵」（明治四十二年），札幌的「拉麵」之名形成時間較晚（大正十一年）。

竹家食堂還有後續的發展，在一九二四年（大正十三年），王文彩決定離開竹家食堂，到小樽開業，然後廣東省廚師李宏業從橫濱來到竹家食堂，接替王文彩的

圖 14：大正十二年的竹家食堂
資料出處：《札幌拉麵之書》北海道新聞社

位子。他製作的是手動式機器麵條，湯頭也改成日本人偏愛的少油清淡口味。在一九二五年（大正十四年），第三位中國廚師從橫濱南京街來到竹家食堂，開設了芳蘭分店，販售一碗四十錢的叉燒麵。竹家食堂的拉麵也構成戰後札幌拉麵熱潮的基礎。

另一方面，在一九二九年（昭和四年），另一位中國廚師王萬世在札幌松島屋 **parlour** 開始製作並提供支那麵。日後，手藝高超的各路廚師持續在拉麵上做挑戰，日本全國的拉麵街先驅在札幌，正式誕生。

喜多方拉麵的起源

拉麵的故事令人感到眼花撩亂，接著要來到福島縣的喜多方市。相較於喜多方這個地區僅約四萬多人的人口，喜多方的拉麵店卻超過八十間，在這裡有許多喜歡拉麵的族群，部分店家從一大早便有許多顧客前來光顧，這是令人感到不可思議的地方。此外，有些學校的營養午餐也會提供拉麵。原來在一九二五年（大正十四年），來自浙江省的中國人藩欽星來到喜多方討生活，在沒有幫手與難以取得鹼水的艱困條件下，他投注莫大的努力與心血創立了攤販「源來軒」，構成今日喜多方拉麵熱潮的基礎。喜多方拉麵的特徵，在於寬又粗且具有彈性的波浪麵條，以及和風的清爽醬油味湯頭。

大正年間的支那料理熱潮

以下稍微換個話題，要介紹大正時代的支那料理熱潮，由於支那料理與拉麵的誕生有著密不可分的關係，是無法省略的環節。

現代人應該很少聽過「一衣帶水」這個成語，意指：雖有江河湖海相隔，但兩地的距離仍像身軀隔著衣帶，相當接近。日本與中國無論是國土鄰近或是歷史淵源，的確是一衣帶水的關係。日本人較為熟悉的支那料理（中華料理）會比西洋料理更晚普及，如同筆者在本章開頭提到的理由，是因為日本人早期忌諱吃豬肉的關係。

在此，依據年表來比較西洋料理與支那料理的開店狀況。首先是西洋料理，第一間西洋料理專賣店「良林亭」於長崎開店（文久三年）→「築地HOTEL館」開業（明治元年）→「崎陽亭」於橫濱開店（明治五年）→「精養軒」於東京馬場先門開店（明治五年）→「精養軒」於東京上野開店（明治九年）。另一方面，支那料理店則是，「永和齋」於東京築地開店（明治十二年）→「偕樂園」、「陶陶亭」於東京開店（明治十六年）；由此可見支那料理店的起步較晚。相較於西洋料理店於明治初年開店，支那料理店從明治十年才開始有少數幾家店，因為日本人長年來不喜歡吃豬肉。

有關於支那料理的日後發展，筆者在《日式豬排的誕生》（講談社）一書寫道：

中華料理（筆者註：當時為支那料理）較晚普及的理由，是廚師難以取得道地食材，平民不熟悉油類料理，並且忌諱食用豬肉。在中日、日俄戰爭結束後，中華料理在橫濱、神戶、長崎等港都為中心逐漸發展，到了大正時代末期，受到電台節目的影響，平民開始對於中華料理感到興趣。但是，要等到第二次世界大戰後，中華料理才有明顯普及。

讓我們繼續了解支那料理在大正年間的發展走向，根據《近代日本食物史》（近代文化研究所）記載：「自從（日本）開國以來，人們只關注西洋料理，但經歷了中日、日俄戰爭，隨著中日往來變得頻繁，人們重新認識鄰國中國的料理。（中略）華僑與留學生人數的增加，促使支那料理的普及，橫濱與神戶正是支那料理的根據地。長崎的鎖國政策尚未解除前，中國人只能躲在唐館閉門不出，但在解除鎖國政策後，中國人踏入街道，誕生許多販售單品料理為主的小規模支那料理店。」接著到了大正時代，「著重料理味道更甚於外觀的支那料理，在這時期開始急速普及，造成支那料理熱潮。由於人們已經習慣西洋料理濃郁的口味，便很輕易地接受了使用筷子品嚐米飯與主食的支那料理。如同牛肉的普及促使西洋料理的蓬勃發展，豬肉的普及也帶動了中華料理的發展。」

以下列舉有關於支那料理的學者發展走向。①一九一九年（大正八年），東京大學教授田中宏是豬隻解剖學權威，著有《田中式豬肉調理》（玄文社）一書，對於平民的豬肉料理抱有高度興趣。②一九二〇年（大正九年）料理研究者一戶伊勢子（女子高等師範學校教授）為了研究支那料理，從滿州（中國東北）奔波至北京。③一九二二年（大正十一年）宮內省的秋山德藏（大膳寮司廚長）前往中國學習支那料理。④一九二六年（大正十五年）山田政平出版《新手也能製作的支那料理》（素人に出来るシナ料理，婦人之友社），山田著迷於支那料理的魅力遠赴中國，花費二十年歲月持續研究在地料理口味。筆者將在下一章介紹山田的故事。⑤同年，電台開始播放了料理節目，促使支那料理的普及。因此到了大正年間，民間與學者的各種發展造就了支那料理熱潮，這當然也是眾多前人付諸努力與心血所得來的成果。

東京的嗩吶聲

以上的內容稍微偏離本書的拉麵主題，卻是筆者試圖闡述拉麵誕生之前的時代背景與前期基礎知識。日本人是如何接受忌諱已久的豬肉呢?這與拉麵的發明息息相關。

東京的街頭開始響起嗩吶聲，宛如拉麵誕生的前奏曲。《東京備忘錄》（東京おぼえ帳，住吉書店）鮮明地描寫了以大正時代為中心，從江戶到東京時期的蕎麥屋發展走向。以下引用的內容稍長：

明治時代，當日俄戰爭結束之際，東京街頭開始響起悲戚的嗩吶聲，販售叉燒麵、餛飩麵、拉麵等油膩麵食的攤販，趕走了鍋燒烏龍屋與風鈴蕎麥屋，在蕎麥屋商店街中與天井屋擠在一起，原本充滿男子氣概的矮凳被換成了奇怪的圓桌與頹圮的椅子，甚至還占據了藪蕎麥屋的店內。因此，我們再也吃不到不忍池一帶由蓮月尼開創的蓮月手打粗蕎麥，淺草的尾張屋與萬盛庵也把重心放在天婦羅蕎麥，取代了蕎麥冷麵。東村山貯水池附近只剩下一間蕎麥屋，東京市區已經被燒賣和叉燒麵屋占據，這是大正末期的現況。

隨著平民對於中國麵食的興趣增高，在江戶時代趨於鼎盛的手打蕎麥屋，逐漸改變了樣貌。此外，原本為攤販形式的風鈴蕎麥屋、鍋燒烏龍屋等，轉變為吹著嗩吶的支那麵屋，烏龍麵與蕎麥麵逐漸低迷與衰退。

關於嗩吶的支那麵屋，還有這一段小故事。《文人惡食》（新潮社）以「職業乃支那蕎麥屋」為題，講述風靡一世的推理小說家江戶川亂步，在年輕時也曾吹著嗩吶叫賣支那麵。亂步在一九一九年（大正八年）與隆子結婚，在當時過著貧困的生活。書中記載：

亂步無法再跟附近的飯館賒帳，還整整三天吃炒黃豆度日，只好拉著攤車吹著嗩吶，開始販售支那蕎麥。雖然收入可觀，但畢竟是在冬天的深夜做生意，大概只做半個月就撐不下去了，還在生活依舊貧困的情況下，硬是結了婚。（中略）亂步試著製作並販賣支那蕎麥，支那蕎麥雖然看似單純，但要做生意仍舊需要一定的經驗與技術，並非料理新手所能辦到的，更何況是容易熱衷於某件事的亂步。即便為了討生活，要賣支那蕎麥更需要相當的技術與努力。」

在筆者的耳中，留存著嗩吶的悲戚聲音，讓人想起戰前支那麵攤車的情景。嗩吶會發出do re mi re do、do re mi re do re的音階，原本被稱為唐人笛或南蠻笛，屬於管樂器，據說是在一六世紀後期由葡萄牙人傳入。嗩吶的日文「チャルメラ」是源自於葡萄牙語charamela的諧音，是蘆葦的意思，其細長的外形，的確很像蘆葦。江戶、大阪的叫賣商人經常使用嗩吶，長崎的中國人唐人飴小販也會吹嗩吶攬客。石川啄木也曾透過短歌，詠出兒少時期記憶中的嗩吶：「聽聞賣糖嗩吶聲，宛如重拾失去的童稚之心。」

此外，《近代日本食物史》記載：「夜啼蕎麥與夜啼烏龍是冬天風景之一。雖然這些風景被支那蕎麥取而代之，但對於經常晚歸的商家店員而言，深夜的攤販仍不可或缺。」由此可得知支那麵發展的過程。

關東大地震之後的變化

在歷史的演進過程中，某一天發生令人無法預料的事件，那就是一九二三年（大正十二年）九月一日的關東大地震。

從江戶時代到關東大地震發生前，東京的蕎麥屋完全沒有任何革新，屋內始終沿用土間到榻榻米的空間設計，只有部分店家設置座椅式的座位，手打蕎麥麵的口味也是因循守舊，顯得停滯不前。經歷一場大地震後，在大火灰燼之中，麵食型態產生轉變。蕎麥屋開始引進炸豬排丼、咖哩飯等洋食，手打製麵改成機器打麵，夜啼蕎麥麵與夜啼烏龍麵攤販也消失了，支那麵攤販現身，使得支那麵開始普及。

在昭和時代初期的平民飲食生活中，日本人是如何開始接受支那料理，特別是支那麵呢？《日本食物史》（柴田書店）有記載：

到大正時代為止，人稱的「洋食屋」與和食屋有所區隔；到了昭和時代，所有餐飲店的共識就是兼賣和食與洋食，成為普遍的現象。但乾脆說，當時必須是叫「日本料理店」的店名才能強調是和食專賣店，因為烹煮洋食已經融入於國民的生活之中。另一方面，餛飩、拉麵（筆者註：當時支那麵的稱呼）、炒飯、燒賣等簡易中華料理逐漸受到國人的青睞，成為該時代的一大特色。從該時期登場的美食街等綜合食堂或百貨公司美食街等餐廳的櫥窗，可見日式、西式、中式各類料理與混合料理排列在一起，這簡直是向世界展示日本複雜的飲食生活型態範本。

此時，支那麵逐漸進入日本平民生活圈，到了一九二八年（昭和三年），隸屬於支那麵製麵公會的大東京支那蕎麥製造零售公會正式成立。

在咖啡廳吃拉麵？

根據《這就是札幌拉麵》（北海道新聞社）記載，即使在昭和時代初期，札幌也有相關的發展。例如，在一九三〇年（昭和五年），前僧侶吉田春岳使用手動式製麵機製麵，在札幌市區的咖啡廳販售批發麵條。沼久內某與小倉某從吉田批發麵條，將麵條與炭爐及鍋具一同堆放在板車上，兩人吹著嗩吶在街頭叫賣雞骨湯頭的支那麵，是現今札幌路邊攤拉麵的始祖。在札幌市內的「少爺」、「姑娘」、「紅寶石」、「曉」、「渚」、「朗」等咖啡廳，皆陸續在菜單中新增拉麵品項。無論是哪間咖啡廳，據說每碗售價15錢的拉麵，遠比一杯10錢的咖啡更受歡迎。如同支那蕎麥之名，昭和五、六年左右的札幌市民已經認識「拉麵」這個詞。

不過，咖啡廳要如何提供拉麵呢？客人坐在旁邊喝咖啡時，對於拉麵的濃郁味道不會退避三舍嗎？《這就是札幌拉麵》寫道：

當客人點拉麵後，廚師會先將麵條放入滾水中燙過，再從爐子角落的深鍋舀出湯頭並加熱，將湯頭過濾後倒入碗中，再加入燙過的麵條，最後放上蔥花、麵麩或鳴門卷魚板、蝦米。廚師將製作完成的拉麵端到出餐口，女服務生再將拉麵端到客人面前，客人可依個人喜好添加適量的胡椒，即可大快朵頤。因為拉麵的湯頭大多使用雞骨、貝類等食材熬煮而成，味道清淡，並不會阻礙隔壁客人桌上的咖啡香氣。由於在咖啡廳販售拉麵能增加大量營收，若是其他客人在喝咖啡時會感到困擾，老闆也會選擇視而不見。

書中描述的情景，不禁讓人想搭乘時光機，回到昭和時代初期札幌的咖啡廳，吃上一碗當時的拉麵。記得在噴射機剛開始航行的時期，曾有廣告宣傳說只要三小時，就能將東京銀座的流行帶到札幌。但是，札幌才是日本全國拉麵流行的先驅，甚至受到眾多平民的喜愛，果然不負札幌拉麵街的響亮名聲。

繼續介紹昭和初期有關於札幌拉麵的故事。一九三一年（昭和六年），車站前食堂「常磐」向王萬世買進麵條，相較於「竹家」每碗20錢的拉麵，常磐的拉麵每碗只賣15錢，此舉引發了拉麵競爭。此外，到了一九三五年（昭和十年），開業沒多久的「札幌皇家飯店」附設咖啡廳，販售每碗20錢的拉麵，大受歡迎。特別有趣的是，《札幌生活文化史（大正、昭和戰前篇）》（札幌市教育委員會編）刊登了一九三九年（昭和十四年）二月的物價調整傳單廣告，其中「支那蕎麥」的項目與「飯類」、「麵類」放在一起，當中記載「拉麵17錢、三仙麵35錢」。三仙麵是什麼類型的支那麵呢？根據《札幌拉麵之書》（さっぽろラーメンの本）記載：「在煮熟麵條前，先將貝類、肉類等配料放入湯頭熬煮入味，再將配料淋在煮好的麵條上，也就是含有三種配料的三仙麵。」再次仔細檢視傳單廣告，可見在支那麵的項目中寫上了三仙麵與拉麵，而拉麵漲了二錢。當時的札幌，由於可以品嚐到道地的中國麵食，所以由日本人發明的中華風和食拉麵，就被當作中國麵食的項目之一。《這就是札幌拉麵》的戰前章節結語中，寫道：「札幌擁有得天獨厚的條件，在這些背景下，戰後快速造就了『札幌拉麵』的誕生。」

拉麵的萌芽

在本章的最後，要快速而簡要地回顧拉麵的萌芽過程。在拉麵誕生之前，在橫濱、長崎、東京、喜多方、札幌等日本各地，廚師們在失敗中反覆嘗試與改良，開創出支那烏龍、南京蕎麥、強棒麵、燴麵、支那麵等麵食。這些發展也許有例外之處，但可列出以下四個共通點：①從中國來到日本的廚師們所製作的麵食，②一開始是要賣給中國華僑或留學生。③但日本客人對於這些異國麵食開始感到興趣，④廚師便配合日本人的喜好，花時間逐步改良。中國的製麵技術起源於唐菓子，在鎌倉、室町時代再次傳入日本，歷經本章節所介紹的變遷後，再次傳入日本。

再次歸納重點，以中國人為販售對象的麵食攤誕生→吹著哨吶向日本人叫賣的支那麵攤販崛起→大眾化支那料理店開張→簡易食堂、百貨食堂販售日式、西式、中式的大眾料理。如同前述，大正時代的支那料理熱潮，扮演推波助瀾的角色，平民開始受支那麵的魅力所吸引。在這個時期，札幌的支那麵已經被稱為拉麵，並受到眾人喜愛。

同時，日本與中國正好進入最悲慘的時代。經歷了九一八事變、中日戰爭、第二次世界大戰等，在這十五年之間持續遭逢悲劇，熬過了第二次世界大戰結束、社會動盪不安動亂、糧食短缺等狀況，當民間開始趨於穩定後，日本各地具爆發性的拉麵發明熱潮正式開始。

第 4 章
從食譜所見的拉麵變遷

容易讓人混淆的手延、手打的麵食名稱

透過有關拉麵萌芽的小故事，我們追述了前人的豐功偉業。在本章節要藉由家庭取向的料理食譜與書籍，回顧「拉麵」之名誕生的過程，相信讀者就能了解，作為和食型態的拉麵，是如何普及於一般家庭之中。換言之，這不僅是拉麵的發展史，更是平民的生活史。

不用多說，拉麵的名稱是用來表現手延、手打的方法，以及麵食的吃法（在此講的是麵食的名稱）。

在中華風和食麵食與拉麵誕生之前，在轉變的過程中，麵食的名稱容易被混用，並顯得相當複雜。中華麵是用於拉麵的麵條，但只要翻閱過往的料理相關書籍，會發現麵條的種類從支那素麵、支那烏龍麵↓支那麵，轉變為中華麵。

另一方面，中國麵食中的麵條作法，分為用手拉延的拉麵，以及用菜刀切割的切麵，使用這些麵條製作完成的麵食分為支那烏龍、支那麵、淨麵、柳麵、中華麵、拉

麵。即使這些麵食的名稱有所改變，也不會讓人感到不可思議。現今的中華麵之名稱，是麵條種類的名稱，也是麵食的名稱。另一個混用名稱的例子，是吉田誠一在一九二八年出版的料理書籍《美味又實惠的支那料理製作法》（美味しく経済的な支那料理の拵へ方）裡，在拉麵（延展麵）的製作方法中，針對漢字「拉麵」標有ラーメン的片假名。由此可見，在當時就已經存在當今 ra men 的名稱。真的是如此嗎？筆者抱持否定的態度。在手延拉麵的做法中，作者只是標上「ラーメン」的日文片假名，並不是使用拉麵的音譯「ラーミエン」，也就是拉麵的名稱被混用了。由於這些詞彙被人混用，導致拉麵的語源之說顯得模糊不清。接下來將留意這些名稱的變化，並一邊參考由前人所集大成的料理書籍。

明治時代後期的雞肉烏龍麵

在介紹中國麵食的章節中提過，在無法取得加入鹼水製成的中華麵條的時代，日本人使用的麵條是日本的烏龍麵或素麵。一九〇九年（明治四十二年）《可應用於日本家庭的支那料理製作法》（日本の家庭に応用したるシナ料理法，日本家庭研究會），首度記載接近道地中國麵食的雞絲麵做法。使用雞蛋烏龍麵，加入雞肉、香菇、竹筍、菠菜等配料，以醬油、食鹽、胡椒製作湯頭，做法類似日本的烏龍麵或蕎麥麵，屬於中華風的雞肉烏龍麵，讓人難以區分中華風與和風。

大正時代初期的鹽漬豬肉湯麵

一九一三年（大正二年）出版的《田中式豬肉二百種》（博文館），介紹了在前一章登場的豬隻解剖學權威田中宏教授，其書中收錄了兩道有趣的麵食。「鹹豬肉湯麵」使用的是素麵，配料為鹹豬肉切片，湯頭加入了脫鹽的豬肉、醬油、柴魚片、味醂熬煮而成。當時，在一般的肉販店中無法買到鹹豬肉，但可以前往神田橋外的鹿兒島屋、澀谷道玄坂下的薩摩屋購買。另一種「五目麵」使用的是烏龍麵，是將豬里肌肉、蝦子、香菇、筍子、蔥、薑、豬油一同放入鍋中炒，再加入醬油調味，把熱湯倒入碗裡，再放入溫烏龍麵，最後放上配料即可完成。

這兩種麵食製作手法比較接近江戶時代以前的蕎麥麵與烏龍麵，不像中國的麵食。例如，書中可見「加入蕎麥或餛飩中會有的天麩羅或南蠻等，湯麵中會有相同的材料」、「如同月見蕎麥打入一顆雞蛋」、「在木碗中加入水與米利堅粉（小麥麵粉），讓麵粉溶解，揉捏後用擀麵棒將麵團擀薄……」等記載。其製作方法都是比照傳統做法，是依照日本人的喜好來製作。

田中宏的最大功績不在於介紹中華風麵食，而是在傳統麵食之中導入日本人長年來所忌諱的豬肉，這可說是劃時代性的創新嘗試。

一九二五年（大正十四年）《適合家庭製作的支那料理》（家庭向のシナ料理，大阪烹飪學校校友會）所刊登的「南京蕎麥」，使用的是烏龍屋的蕎麥麵，應該是日本蕎麥麵的做法。書中記載將豬肉、蔥、香菇、魚板切碎，加入麻油與食材下鍋炒，再加入醬油與味醂調味，最後將配料放在蕎麥湯麵上。這時候，還沒有見到加入鹼水製成的中華麵。

在明治時代後期到大正時代初期，日本人由於無法取得加入鹼水製成的中華麵，也不知道如何熬煮中華風湯頭，只能使用豬肉或雞肉等肉類，仿造支那料理的風味。當時的廚師依舊使用日本的烏龍麵或素麵，憑藉著江戶時代以前的麵食製作手法，默默地研究中國麵食。

陸軍與海軍的軍隊麵食調理法

雖然不是提供家庭參考的料理書籍，但接下來將簡單介紹掌握最先進資訊的陸軍與海軍軍隊，軍隊專屬的麵食調理法。

一九一八年（大正七年）的《海軍主計兵調理術教科書》記載了「五色炒麵」與「蝦仁麵」的製作方法，當中使用支那餛飩，口味更像是支那料理。此外，一九三七年（昭和十二年）的《軍隊調理法》則記載「水煮火腿」的製作方法，這方法近似於現今用在拉麵的水煮叉燒肉做法。做法是將食鹽與冰醋酸加入水中，將湯汁煮沸再放入五花肉熬煮。書中記載：「如果要熬煮豬肉，可先用醬油醃漬豬肉使之入味（夏天的醃漬時間為一天，到了冬天則醃漬一週）。」屬於鹹豬肉的製作方法。為了強健體格，軍方大力推廣士兵多攝取肉類，因此軍隊可說是讓日本人習慣豬肉味道的最佳管道。附帶一提，日本軍方在一九〇二年（明治三十五年）舉辦熊本大演習的時候，明治天皇率先親身示範食用牛肉罐頭一舉。

山田政平登場

山田政平對於支那料理在日本的普及化，有極大的貢獻與功績。例如，檢視一九二六年（大正十五年）至戰後一九四七年（昭和二十二年）所出版的料理書籍，他在書中介紹了：①支那麵的做法。②引進鹼水來製作麵條。③介紹多樣化的中國麵食。④介紹戰後的中華麵。山田對於支那料理抱持狂熱興趣，甚至親身前往中國學習製作料理，長達二十年的時間。當他回到日本後，除了積極地培養專業廚師，也投注心力介紹一般人也能製作的支那料理。山田在一九二六年（大正十五年）開始在婦女雜誌寫專欄，並將連載內容出版成《新手也能製作的支那料理》（素人に出来るシナ料理，婦人之友社），成為當時的暢銷書籍，直到昭和六、七年，已經再版十多次。

山田對於日本在明治維新後一味地仿效西方制度，以推動近代化的做法，感到莫大的疑問。他在書中的序言提到，希望日本人能重新看待生活周遭的支那料理，並且能接納支那料理。雖然內容較長，但仍以下引用的序言，可看出他的心境。

支那料理原本就是講究營養與衛生的料理，也是家庭化的料理。換言之，支那料理就是家常菜。近年來，支那料理的真正價值並未獲得國人的認同，甚至無法像西洋料理般於家庭普及，這是不可思議的事情。從日本與中國的地理關係來看，也是難以理解之處。或許有些人對於支那料理產生誤解，認為製作程序繁複，或是刻意阻礙支那料理的普及。因此，為了讓支那料理普及於我國的家庭，筆者認為要先從任何人都能製作的簡易支那料理開始著手，尤其是筆者平常在家經常調理的種類中，除了少數例外的料理，在此僅節錄隸屬於即席料理的菜色，透過本書介紹詳細做法。

在持續陷入不景氣狀態的大正時代，山田提出增進日本人營養為優先的思想，正好與第二次世界大戰後的飢荒狀態中，引發爆發性拉麵熱潮的背景不謀而合。

回到書中的本文內容，作者在介紹切麵（蕎麥製法）時，提到支那麵的打麵法。開頭寫道：「雖然名為支那蕎麥，但麵條其實是烏龍麵，支那蕎麥與日本烏龍麵不同的地方，是含有少量鹼水，兩者的製作方法有些許差異。」製作支那麵所準備的食材為小麥麵粉、鹽、鹼水、雞蛋、太白粉。換言之，支那蕎麥與日本烏龍麵的差異僅在於使用雞蛋與鹼水。書中詳細記載如何使用擀麵棍延展麵團的切麵做法，讓初學者能透過淺顯易懂的內容快速學習。山田還詳細說明當時多數人都不太了解的鹼水。

支那食品材料店有販售鹼水，日文名為カンスイ（kan sui），還有各種非正式的名稱。鹼水又名滷水，兩者的性質相同，因此也可以使用經常用來製作豆腐的滷水。現在支那人所稱的「鹼」，就是天然曹達（小蘇打之意，與傳統的字義解釋不同）。因此，在無法取得鹼水的地方，也可以將洗滌曹達（食用小蘇打）溶解使用，效果沒有太大差異。在中國，有許多地區生產天然的鹼水與鹼石。

山田根據豐富的資訊提供明快的解釋，充滿開拓者的實驗精神，令人敬佩不已。書中還列舉能簡單製作的料理，包括伊府麵、肉絲麵、火腿麵、紫菜麵、雞蛋麵、淨麵、蟹仁涼麵、紫菜涼麵等，種類豐富。之後會介紹的淨麵，是「僅在麵條上加入蔥花的麵食」。

之前提到過，到了大正時代，支那料理終於引發熱潮，也許是受到山田政平大力推廣的影響吧！從同年開始，陸續有人開始介紹中國的麵食。例如，小林定美的《支那料理與西洋料理》（三進堂）記載支那麵的做法，包含如何使用鹼水。如果無法取得鹼水可以用洗滌蘇打，也具有同樣效果。在那個尚未訂定食品衛生法的時代，作者特別提到：「這些材料對於人體無害。」並詳加說明：「鹼水的作用就是讓支那麵的麵條更有嚼勁，口感更加滑順。」此外，同作者的《珍味支那料理法》（大文館書店）記載了支那麵做法中的切麵做法。同樣使用鹼水來製作，書中可見支那麵中「炒麵」（チャーメン，cha men）的日文假名發音，並提到鹼水可用於各類的麵食。此外，也有雲吞皮的做法。

繼續介紹山田政平的故事，因為之後的發展也值得關注。他在一九二九年（昭和四年）的著作《四季支那料理》（味之素本舖）中提到切麵（支那蕎麥的做法）：

雖名為支那蕎麥，但沒有使用任何蕎麥粉，與日本烏龍麵的差別，在於支那蕎麥使用名為鹼水的小蘇打溶液，與其稱為支那蕎麥，應該改成為支那烏龍。

此外，在戰後過沒多久的一九四九年（昭和二十四年），山田在著作《一百六十種中華料理製作手冊》（ハンドブック中華料理の作方百六十種）提到切麵（中華蕎麥），材料為小麥麵粉、鹽、洗滌用蘇打、太白粉。他還提到：「國人所稱的中華蕎麥，其實是中華烏龍。差別在於加入了小蘇打，製作麵條時可加入少量的洗滌用蘇打。」對於中華料理無所不知的山田正平，一再強調中華麵的「中華蕎麥」稱呼並不正確，而是要改稱為中華烏龍。

有關於中華麵的調理方式，分為三種。「湯麵」是加入熱湯的麵類、「涼麵」為冷麵條、「炒麵」是將麵條下鍋炒，再淋上勾芡湯汁。這些做法與現代食譜所提供的做法沒有太大差別。麵的日文假名發音從戰前的「ミエン」（mien）變成戰後的「ミエヌ」（mienu）。

麵食種類分為淨麵（中華淋麵）、火腿涼麵（涼麵加上火腿）、肉絲炒麵（豬肉肉絲炒麵）。書中記載：「如果改變以上三種麵食的配料，又可變化出數種麵食。可多加參考坊間的食譜，或是加入各自的創意，製作出更為出色的麵食。」戰後的出版刊物由於紙質不佳，頁數也較少，對於想透過料理書來提倡中華麵的山田而言，想必也是感慨萬千。

吉田誠一的活躍

到了昭和時代，出現另一位料理書籍的權威，他是上野翠松園的吉田誠一。他在一九二八年（昭和三年）出版的《美味又實惠的支那料理製作法》（美味しく経済的なシナ料理の拵へ方，博文館）寫道，日本料理與支那料理有著密切的關係，光是東京市內，在短期之間就開了兩千多家支那料理店。不過支那料理尚未在家庭中普及，如同一般家庭的每日三餐中至少會端出一次西式料理，希望支那料理在不久的將來也能有類似的榮景。

圖 15：拉麵、切麵的做法（昭和三年）
資料出處：《美味又實惠的支那料理製作法》博文館

書中也介紹兩種麵食的製作方式，第一種為切麵，材料為小麥麵粉、雞蛋、鹼水（可從支那雜貨店購買）；另一種為手延拉麵。之前已經介紹過手延拉麵的日文假名念法。吉田誠一透過手繪圖，以淺顯易懂的方式介紹兩種麵食的做法，參照圖15。

他還介紹了伊府麵、肉絲湯麵、雞絲湯麵等多樣化中國麵食，在材料欄位中記載麵條的數量為五球。

料理書出現支那蕎麥之名

到了昭和時代初期，在幾本料理書籍的麵食名稱中，出現了「支那蕎麥」的名稱。一九二九年（昭和四年）的《料理相談》（味之素本舖）中，首次出現「支那蕎麥」的名稱。製作支那蕎麥的材料為小麥麵粉、水煮蛋、鹼水、味精、太白粉（當作揉麵的手粉），使用切細的切麵，如果要製作大量的麵食，可以使用製麵機。有關於鹼水，書中寫道：「若使用過量的鹼水會產生毒素；無法取得鹼水時可以用加水便溶解的洗滌用蘇打，但效果沒有鹼水來得好。揉麵時如果沒有施加力道，麵條口感就會跟日本的烏龍麵差不多。」書中科學性的記載是引人注目的地方。湯頭則是加入豬骨（也可以使用雞骨或牛骨）以及醬油、鹽、味精熬煮而成，做法為「將所有材料放入鍋中熬煮至沸騰，雖然也可以使用柴魚熬煮而成的湯頭，但使用肉類熬煮的湯頭顏色會更為漂亮。」此外，辛香料為蔥和西洋胡椒，配料則是筍乾。

其他的麵食包括廣東蕎麥、五目蕎麥、支那炒蕎麥、冷蕎麥、伊府麵等，材料中的麵條標記為支那麵，不是支那蕎麥，標記相當正確。據說中華涼麵是日本人在戰後發明的麵食，但這本在昭和四年出版的料理書籍，已經有介紹中華涼麵。與現代相同的純日式涼麵配料，應該也是在戰後誕生。

一九三〇年（昭和五年）的《西洋料理支那料理》（大日本雄弁會講談社）刊載了「麵類料理」特輯，麵類名稱不是中文讀音，而是以日文讀音為優先，包括燒蕎麥（燒麵）、支那蕎麥（光麵），材料中的麵條為支那麵。書中對於支那蕎麥有特別說明：「推著攤車還一邊吹嗩吶叫賣的是支那蕎麥，雖然不建議在正式場合將支那蕎麥端上桌，但在寒冷的冬夜裡吃上一碗有助消化，身體也會變得暖活許多。」書中強調，路邊攤販售的支那麵並不是用來招待客人的料理，而是屬於市井小民的食物。

在這個時期，支那麵攤販在平民之間受歡迎的程度，相當接近於江戶時代的夜啼蕎麥路邊攤。在食品材料店或支那蕎麥屋可以購入支那麵的麵條，如果要在家中製作支那麵，需準備小麥麵粉、水煮蛋、豬油、鹼水（或是小蘇打水）、太白粉（當作揉麵的手粉）。「比照製作烏龍麵的方式揉麵，撒上太白粉當作手粉，把麵團擀薄，再依照製作素麵的方式切成細麵條狀，放入熱水煮熟。」在此也充分發揮日本的製麵知識，例如在光麵中加入叉燒肉與蔥花製成叉燒麵，或是加入豬肉、水煮蛋、木耳、蝦子、鮑魚製成揚州麵（又稱五色麵）。

一九三三年（昭和八年）出版的《能輕鬆製作的三百種家庭支那料理》（簡単に出来る家庭向シナ料理三百種，婦人之友社）刊載了多樣化的中國麵食。列出與拉麵相關的湯麵類，包括了支那蕎麥（切麵）、掛蕎麥（淨麵）、燒豬蕎麥（叉燒湯麵）、蒸玉子喬麥（桂花蒸麵）、五色蕎麥（廣東麵）、信田蕎麥（炸豆腐麵）、鳥蕎麥（火腿雞麵）、鯛蕎麥（珍麵鯛魚）、蒸魚蕎麥（魚片蒸麵）、豬肉天婦羅蕎麥（炸裡背麵）、湯蕎麥（涼辦湯麵）、蝦蕎麥（明蝦大麵）、海苔蕎麥（青苔麵）等。如果僅檢視這些麵食的日文名稱，會讓人難以區分是日本蕎麥麵還是中國的麵食，因此，上述的記載方式能讓讀者更易於理解。

書中對於「支那蕎麥」記載：「雖然名為支那蕎麥，但製作麵條時沒有使用蕎麥粉，有別於日本的烏龍麵或素麵，味道絕頂。」還寫道：「本社販賣部有販售鹼水。」有關於「掛蕎麥」的記載為「對於熱愛支那蕎麥的族群而言，這是最好吃的麵食，製作方式簡單，又能充分品嚐支那蕎麥特殊的風味。」掛蕎麥僅添加長蔥與胡椒，屬於湯麵的一種。「湯蕎麥」則是「類似日本的蕎麥冷麵，不用加熱直接食用，適合在夏季到秋季時節享用。正統的湯蕎麥有六種配料，但也可以斟酌只加二到三種即可。」麵條部分，也可以用日本的蕎麥麵或冷麥來取代支那麵，配料為火腿、叉燒肉、雞肉、芝蝦、香菇、水煮蛋，類似現代的「沾麵」，這或許是沾麵的起源之一。

一九三四年（昭和九年）出版的《在家就能製作的東京大阪好評料理》（家庭で

出来る東京大阪評判料理の作り方，大日本雄弁會講談社），獨家公開東京丸之內雷正軒的支那麵做法。食材包括支那麵麵條、叉燒肉（可用豬腿肉取代）、筍乾、蔥、淺草海苔、豬皮帶骨、雞骨、醬油。可用豬腿肉來取代的方式，令人感到興趣。「將豬腿肉、醬油、粗粒黃糖加水水煮，取出豬腿肉冷卻，接著在醬汁中加入薑汁與蔥花，放入豬肉醃漬一個小時，搓揉數次。從醬汁中取出豬肉，用鐵串垂直串起豬肉，炭火燒紅後烘烤豬肉串，烘烤時同時旋轉鐵串，當筷子能插入豬肉後即為完成。」書中僅記載製作步驟，沒有提到材料的份量。如果將此方法加以簡化，就類似於現代拉麵的日式叉燒。

透過以上的內容可得知，從明治時代末期開始，經歷大正時代與昭和時代初期，「支那蕎麥」已經是料理書籍中的固定用語。然而，實際情況又是如何呢？以筆者自家的經驗為例，雖然有吃過支那麵，但從未在家裡製作過。在那個時代，並不像現代有各式各樣的便利性食品在市面上流通。

料理書中首見拉麵之名

邁向軍國主義路線的日本，在第二次世界大戰面臨決定性的敗戰。在戰後，原本的支那料理和支那蕎麥等輕蔑性名稱，被改為中華料理與中華蕎麥。筆者手邊有一本一九四八年（昭和二十三年）出版的料理書籍，書中可見「中華蕎麥」的記載，但「拉麵」（ラーメン）之名究竟是從何時開始在料理書籍中出現呢？

一九五〇年（昭和二十五年）出版的《西洋料理與中華料理》（主婦之友社），透過圖文的方式詳細介紹餃子、燒賣、饅頭、包子、餛飩等中華料理的做法，其中也包含切麵。「這就是正統的中華蕎麥做法，雖名為蕎麥，但其實是麵。像是使用雞湯粉與熱水煮熟，用油鍋快炒，或是適合夏天品嚐的清爽涼麵等，在此向各位介紹中華蕎麥的各種吃法。」至於重要的鹼水，書中寫道：「如果無法取得鹼水，可以使用洗滌用蘇打或食用小蘇打。」書中介紹了各式各樣的中國麵食，其中還有「淨麵」。對於淨麵的說明如圖16，其中寫道：「淨麵又稱為拉麵，類似中華掛蕎麥，雖然味道樸

淨麵

これはラーメンとも言い、中華かけそばというようなもので、單純な味ですが、本当のそば党に喜ばれるものです。

材料（五人前）切麵五玉、葱二本、スープの素四合。

作り方　切麵は茹で、笊に上げておきます。葱を小口切にし、布巾に包んで水にさらして固くしぼり上げます。

スープの素を沸かして塩と醬油で味つけをし、前の茹でたそばの上から汁をかけ、葱と粉山椒をあしらってすすめます。

圖 16：首次出現拉麵之名（昭和二十五年）
資料出處：《西洋料理與中華料理》（主婦之友社）

實，深受中華蕎麥愛好者的喜愛。」在這本料理書籍中首次出現「拉麵」的麵食名稱。

有關於淨麵的做法，食材為切麵麵條、蔥、雞湯粉。「將麵條煮熟，放在竹簍上瀝乾水分，切好蔥花，用布巾包覆蔥花，稍微泡水後再將水份擰乾。將雞湯粉加入水中煮沸，添加鹽巴與醬油調味，將湯汁淋在麵條上，最後撒上蔥花與山椒粉即可完成。」書中還特別叮嚀，煮好的中華麵條不能放太久，以免麵條糊掉。

於一九五二年（昭和二十七年）出版的《中華料理獨習書》（主婦之友社），在特集中完整介紹中華麵的做法，作者似內芳重對於戰後日本的中華料理發展有極大貢獻。書中對於中華麵的解釋可說是脈絡分明，雖然篇幅略長，但仍引用以下書中內容：

中華蕎麥是相當普及的麵食，具有獨特且絕佳的嚼勁，非常吻合日本人的口味喜好。日本的蕎麥麵是混合蕎麥粉與麵粉製作而成，中華蕎麥則是僅使用麵粉製成，雖然製作時僅使用小麥麵粉，卻因添加了鹼水，透過鹼水的作用讓麵條產生滑順且彈牙的口感，無論是將麵條切細或是水煮，都不用擔心麵條會散掉。所謂的鹼水，就是中國北方地區生產的天然小蘇打（廣東也有生產，據說品質極佳），由於很難清楚地解釋鹼水的性質，所以鹼水給人一種神祕物質的印象，但它其實就像燃燒木炭或稻草後產生的灰燼，再將灰燼精煉製成灰水，兩者是相同的性質。透過長年來的經驗，前人發現在製作麵食時，在麵粉中加入這無色透明的液體，可使麵粉中的蛋白質與澱粉產生作用，無論將麵條切得再細或是經過水煮，麵條都不會斷裂。因此，對於製作麵條而言，鹼水是不可或缺的材料。相較於日本的蕎麥麵或烏龍麵，中華麵具備獨特的味道與口感。以化學的角度來思考鹼水的作用時，主要就是透過鹼水中含有的碳酸鉀產生出作用；如果是小家庭，可以參考以下的方式來製作鹼水。去藥局購買瓶裝的碳酸鉀粉末，加入一倍的水讓碳酸鉀溶解，製成飽和溶液。在製作麵條時可酌量將自製鹼水加入麵粉中，比例為麵粉五十匁（約兩百公克）與鹼水一小匙，如果加入過量的鹼水會導致麵條硬化，需特別注意。除了麵條，在製作燒賣或餛飩外皮時也可以加入少量的鹼水，揉麵更為容易，風味更佳。雖然鹼水非必要材料，但有添加鹼水的確能增添麵條口感與風味。至於碳酸鈉蘇打（洗滌用蘇打）或碳酸氫鈉蘇打（小蘇打），因為有健康上的疑慮，還是建議使用碳酸鉀。

在麵食的製作方法中，刊載了中華蕎麥（切麵），以及拉麵、叉燒麵、豬肉天婦羅蕎麥（炸裡背麵）、五目蕎麥、天津麵等，據傳這也是料理書籍中首次見到拉麵的例子。「拉麵是中華麵中最不費工的麵類，配料為筍片、海苔、泡過水的蔥花，讓拉麵的配色更加漂亮，也可以僅添加蔥花。」令人在意的是，書中將代表手延麵條之意的「拉麵」漢字，列入麵食的名稱，如同筆者之前提到的，這也許是名稱的混用。

不可思議的是，在之後出版的料理書籍中，暫時看不到拉麵之名。在一九五九年（昭和三十四年）出版的《國際料理全書》（白桃書房）可見「ラーメン（柳麵）」一的記載，隔年出版的《家庭中國料理獨習書》（同志社）則記載為「ラーメン（拉麵）」，食材為中華麵、五花肉、生薑、水煮蛋、高湯、酒、麻油、豬油、調味料，讀者可參考刊登於本書結尾的圖表，了解拉麵在家用料理書籍裡的變遷。

中華風麵食的吃法

在本書第二章，介紹了中國人的麵食吃法，那麼日本人的中華風麵食吃法也是完全相同嗎？

一九六七年（昭和四十二年）的《家庭料理入門》（大和書房）寫道：「近年來，年輕人會將中華蕎麥稱為『蕎麥』，將日式蕎麥稱為『日本蕎麥』，但中華蕎麥和日本蕎麥不同，原料裡並沒有蕎麥粉，而是在麵粉中添加鹼水產生化學作用而來，因此中華蕎麥比較接近日本的烏龍麵。中華風麵食可分為以下幾類：汁蕎麥（湯麵）、拌蕎麥（涼拌麵）、燒蕎麥（炒麵），其中又分為：①汁蕎麥（拉麵、叉燒麵、五目蕎麥）、②冷蕎麥、③燒蕎麥（軟燒蕎麥、硬燒蕎麥）。」從以上的麵食來看，可得知拉麵、冷蕎麥、燒蕎麥為徹底和食化的麵食。有關於中國的燒蕎麥（炒麵）做法，書中記載：「炒麵分為兩種，第一種是將煮到軟化的中華麵放入油鍋炒，再加入炒過的肉片與蔬菜拌勻。第二種是將油煎過的中華麵，再淋上勾芡的肉片與青菜配料。日本人耳熟能詳的油炸中華麵後再淋上勾芡的肉片及青菜配料製成的炒麵，其實不是中國料理，而是日本人發明的改良料理。」

第 5 章
探索拉麵的魅力

在第二次世界大戰後

終於要進入本書的重點，現代常見的正統拉麵即將登場，促成登場的契機，其實與歷史上的重大傷痛有關。

歷經九一八事變、中日戰爭、第二次世界大戰，日本在這十五年期間踏上軍國主義時代，一九四五年（昭和二十年）第二次世界大戰結束。經歷了惡夢般的痛苦戰爭體驗，但和平且安定的日子並沒有持續多久，日本全國便面臨糧食短缺的嚴苛狀況。

稻米不足的情形日益嚴重，全國持續處於延誤配給或短缺的情形，導致餓死或營養不良的兒童人數日增。老百姓只能湧入黑市購買廉價的食物，以求暫時的溫飽。當地瓜、馬鈴薯、南瓜等食物短缺時，人們只能吃豆粕、米糠、馬鈴薯梗來止飢。在民間雜炊食堂，黑市稻米大量流通。為了克服糧食短缺的困境，天皇還親自巡察日本全國鼓勵國民。昭和二十年代，是充滿糧食危機的嚴峻時代。

自從美國捐助糧食，以及日本國內恢復糧食增產的體制後，振興的腳步逐漸加快，代用醬油、糖精、魚肉火腿、香腸等產品陸續上市，攪拌機、果汁機、烤土司機等機器讓家庭廚房增色不少，日本人的生活趨於安定。

隨著戰後復興的腳步，在各地的中華街上，中國華僑也重新販售中華麵。由於麵粉的管制沒有像稻米如此嚴格，於是他們使用了麵粉和燒鹼來取代鹼水，開始製作麵條。麵條散發閃亮的金屬光澤，加上獨特的澀味，是風味絕佳的中華麵，令人驚豔之處。在開店資金上，中華麵的路邊攤或臨時店面的門檻較低，不像蕎麥屋需要高額資金。

此外，在第二次世界大戰後，有許多日本人從中國撤回日本，傳入了中國北方的餃子與麵食，這些料理在短時間內普及於日本各地。日本人長年來的渴望，是能吃到便宜、好吃且營養的食物。根據《中華麵》（柴田書店）的記載：「在二戰結束後，日本面臨糧食短缺的窘境，這時候比日本蕎麥麵具有更高脂肪與熱量的平價食物，受到世人的青睞。當時的拉麵以散發光澤的豬油脂為賣點（筆者註：當時為中華麵），但隨著社會型態的變遷，味道也逐漸改變，至今拉麵依舊屹立不搖。」

中國東北地區的支那麵

在這個時期，中國東北地區（舊名滿州）盛行哪些種類的麵食呢？《探訪日本風味，食足世平》（講談社）以「滿州麵食的回憶」為主題，書中記載在中國大連市，有許多紅色招牌的切麵麵食專賣店，餛飩價格為10錢、餛飩麵13錢、碗麵5錢。書中寫道：

中國的麵碗都很大，麵食大約有五、六種，但很遺憾地，我還記得的麵食只有餛飩與餛飩麵兩種，在日本人商店街也能吃到這些麵食，湯頭美味至極。先將豬肋骨下鍋炒，再取出精華的豬油，以此為基底熬煮而成的湯頭，具有濃郁的味道。（略）在不知不覺中，這些路邊攤沿著公園行道樹林立，到了昭和十四、十五年，店家數量到達顛峰，首次現身的「支那蕎麥」特別受到歡迎。（略）在大街上可以聽到悠揚的嗩吶叫賣聲。到了戰後，「支那蕎麥」傳入日本，名稱變成「拉麵」。

在這個時期，居住於大連的日本人約有六萬人。一九四二年（昭和十七年）於滿州出版的《滿州料理法》，記載了麵條（烏龍麵）、雞絲湯麵（加入雞肉絲的烏龍麵）、肉絲炒麵（加入豬肉絲的炒麵）、什錦炒麵（五目麵）等多樣化麵食的做法。此外，對於切麵的解釋為「雖名為支那蕎麥，其實是日本烏龍麵，但製作方法稍有不同。在麵粉中加水揉麵時，還要加入鹼水（也可以用小蘇打水）、雞蛋等充分拌勻，最後將麵團切成0.2公分左右厚度的條狀。」直到第二次世界大戰結束前，居住於中國北方的日本人經常吃這類的「支那蕎麥」。

多方融合的拉麵根源

繼續討論支那麵的動態吧！中國幅員遼闊，國土面積為日本的27倍大。因此，光是在麵食的領域，中國各省的麵食吃法和份量都各有不同。如同第一章所介紹的中國人麵食吃法，中國東北的麵條較粗，搭配濃郁的醬油湯頭，麵碗較大，麵條的份量也較多。中國南方的麵條較細，銀絲細麵是罕見的麵食種類；南方麵食的湯頭是以清淡的鹽味為基礎，大多用小碗盛裝，麵條的份量較少。

提到中國各地飲食特徵，北方著重主食、南方為點心，這是南北飲食習慣的差異。當南北的飲食型態結合後，再傳入日本，在日本各地形成所謂的在地拉麵。

《香港之味——具話題性的中國料理吃法》（主婦與生活社）寫道：

彙整出能在日本吃到的拉麵類型，麵條與配料的份量通常較多，屬於中國華北地區偏重主食的類型，稱為「拉麵」。不過，在中華麵上放上筍乾、叉燒、或水煮蛋的麵食，屬於中國華中、華南地區的吃法，叫做「滷味」。因此，在廣東料理店，這種麵食被稱為「滷麵」，也因為麵裡的肉都切得比較大塊，上海料理店將它稱為「大肉麵」。現今的「日式中華麵」，也就是「拉麵」，是結合全中國所有麵食特徵所形成，是日本人發揮創意的食物之一，也許沒過多久該名稱會傳入中國，被中國人稱為中國風的日本料理。

因為有這些複雜的因素，才難以掌握拉麵特定的根源。值得注意的地方是，當日本人發揮創意發明了泡麵後，反而將泡麵傳入中國，的確有先見之明。

統整以上的資訊後可歸納出，在第二次世界大戰後，從中國撤退回到日本的日本人，引進了中國北方的麵食，並結合中國各地麵食的特徵，經過日本人努力將中國麵食改良為和食麵食的結果，形成當今拉麵的源頭。其中包含橫濱居留地的支那蕎麥、長崎的強棒麵與燴麵、東京來來軒的支那蕎麥、札幌竹家食堂的拉麵等，均產生密不可分的關係。依據這些途徑所發明而成的拉麵，以在地拉麵或獨創拉麵的型態在各地開花結果，成為百花齊放的國民食物。

圖 17：一九五五年，昭和三十年時期的橫濱拉麵店景象
資料出處：《橫濱中華物語》

拉麵的語源之說

就跟探究拉麵的源頭一樣，有關於拉麵的語源，至今未有定論。從傳入日本的中華麵食中，處處可見與拉麵相似的中文表現或發音，並可歸納出以下語源重點。①在明治時代初期，起源於橫濱華僑居留地的路邊攤，販售使用菜刀切麵的「柳麵」，廣東話稱為 rao mien（ラオミン），長谷川身則標記為 rau men（ラウメン）。②據說東京淺草的來來軒為支那麵的始祖，在一九一〇年（明治四十三年）開業初期，店家製作手拉的「拉麵」（ラーミエン）。③札幌的竹家食堂於一九二二年（大正十一年）開業，開始販售手拉拉麵，為了讓日本人在點餐時更易於發音，老闆娘大久辰將支那麵命名為「拉麵」（ラーメン）。④在一九五〇年（昭和二十五年）出版的家用料理書籍中，首見片假名拉麵的文字記載。⑤如同前述，從中國各地流傳各類的麵食，包括來自北方的「拉麵」、中部的「大肉麵」，以及南方的「鹵麵」。

從以上的歷史起源中，列出與拉麵語源相關的詞彙，可得出拉麵（中文

laomien）、拱麵、柳麵（廣東話 rao mien）、大肉麵、鹵麵（廣東話 ro mien）、打麵、光麵、湯麵、撈麵（廣東話 rau mien）等詞彙。

例如，拉為拉長的意思，是中國山西省與山東省的代表製麵法。拱麵為手打麵條。據說，柳麵是在明治時代末期由柳姓台灣人發明的麵食，另外一種說法是麵條的細度如同柳枝。「鹵」是勾芡的醬汁，也就是勾芡的乾麵，作家陳舜臣在著作《美味方丈記》中大力支持拉麵是來自鹵麵的說法。打麵是源自廣東省的製麵法，將竹竿固定在打麵台的一邊，用身體對竹竿一邊施加重力，一邊延展麵糰，再用菜刀切割，屬於切麵的一種，構成佐野拉麵的特徵。光麵盛行於廣東省與福建省，沒有其他配料，是僅添加蔥花調味的湯麵。湯麵是添加大量配料的湯麵，也是在現代受日本人喜愛的麵食之一。撈麵是將配料拌入麵條中食用的乾麵，廣東話發音為 rau mien。如果透過日文的假名拼音來唸這些詞彙，聽起來都很像是拉麵。

此外，有文獻指出拉麵就是老麵，但老麵指的是的老麵團，跟麵食沒有任何關係。老麵是將發過的生麵團放任其自然發酵，隔天再將麵團將加上新食材後揉捏，這種方式稱為老麵法，中國人在製作包子或饅頭時經常使用老麵。此外，受德國人或俄羅斯人喜愛的裸麥麵包，製作時會將發酵過的酸種（酵母）加入揉捏。在戰後的日本，一些家庭也會運用老麵法來製作麵包。

筆者認為，拉麵或柳麵是拉麵語源說中最有力的證據。也就是說，中國的麵食做法發音，演變成日本麵食的名稱。因此，「拉麵」原本並非中文，而是日文。附帶一提，拉麵在韋伯字典中被當成泡麵。有趣的是，在中國各地依舊可見許多手延拉麵店，但手延的技術在日本大多被運用在手延素麵，至於烏龍麵或蕎麥麵的製作方法為手打或機器打麵。

拉麵的特徵

究竟拉麵是什麼樣的麵食呢？以下列出拉麵的普遍性特徵。

根據《中華麵》的記載，拉麵為「在日本人喜愛的清澈湯頭中加入具嚼勁的彈牙麵條，再擺上叉燒、筍乾等配料，以及綠色蔬菜。」書中還提到中國麵食與日本拉麵的根本性差異：「在正統中華麵（筆者註：中國的麵食）中，麵條與湯頭當然是重要的角色，但還可以透過麵條上面的配料或烹調方式來改變麵食的口味，以搭配的配料來品嚐麵食是強烈的要素。相較之下，日本的烏龍麵不會添加多餘配料，味蕾能直接感受到麵條與湯頭的味道，因此要把心思放在萃取湯頭的方式與煮麵的軟硬程度。」

也就是說，如同筆者在第一章介紹的中國人麵食吃法，中國麵食著重料理性的要素；日本拉麵著重麵條與湯頭的風味，這與在江戶時代之前集大成的日本麵食吃法，有同樣的思維。

觀察麵食的具體細節，光是「麵條」就含有各種講究之處。一邊參考《中華麵》的記載一邊解說，像是選用具有黏性的麵粉、稍硬的麵條口感、充分發揮鹼水功效的麵條、加入雞蛋製成的麵條、挑戰製作波浪麵、加強自製麵條的特徵等，許多廚師日夜埋首於麵條的研發與改良。

熬煮湯頭的方式，主要是使用豬骨、雞骨等動物骨頭，以及加入小魚乾、柴魚片等日式材料，最後添加胡蘿蔔、洋蔥等蔬菜，以小火慢慢熬煮。在熬煮的時候要仔細地過濾雜質，避免湯頭變得混濁。簡單來說就是要去除異味，以追求日本人喜好的濃郁風味。

有關於醬汁的差異性，書中記載：「中華麵（筆者註：中國的麵食）是將湯頭加入鍋中，再加入醬油調味並用火煮滾；拉麵的醬汁則是在湯頭熬煮完後趁熱直接倒入醬油，屬於半生熟的醬汁。因此拉麵的醬油風味，扮演畫龍點睛的效果，所以選擇合適的醬油更為重要。」有些廚師在熬煮醬汁時加入豬油，讓醬汁增添新的風味與特色，這也是獨創拉麵流派的拉麵師傅，會特別堅持醬油種類的道理。

有關於麵條（拉麵）的煮法，書中記載：「重點在於不能煮過頭。換言之，在麵條中心剛熟透的瞬間撈起麵條，是煮好麵條的訣竅。麵條的狀態多少也會受到濕度影響，在濕度較高的日子煮麵，由於麵條吸水量多，很快就會熟透，這時候要提早從熱水中撈起麵條。此外，鍋子裡的熱水並不是從頭煮到尾，得隨時更換成新的熱水。」由此可知，與中國的麵條相比，拉麵在煮法上有極大的差異。煮麵可反映出日本人特有的細膩之處，包括在煮素麵、烏龍麵、蕎麥麵的時候，必須發揮出訣竅與經驗，才能煮出絕佳的口感。此外，「中華麵（筆者註：中國的麵食）的麵條通常會比拉麵麵條更軟，由於要在麵食上面擺上煮熟且變軟的配料，為了統一麵條與配料的口感，使用軟麵條較為合適，更能具有絕佳風味。」此外，拉麵煮好後要將麵條弄散，再放進湯頭中，呈現出經典波浪般「青海波」的樣貌。

至於配料，是「大多會放上叉燒、豆芽菜、菠菜、魚板、筍乾、鳴門卷魚板、蔥花等配料，有時候也會放水煮蛋切片。無論是哪些配料，因為都是放在麵條上面，沒有太高的難度。」這是繼承了日本蕎麥麵的「上置」概念。江戶時代的蕎麥麵愛好者會在麵條上擺放配料，甚至是更換不同配料，藉由配料的變化性，讓人每天吃都不膩。

從以上的記載來看，中國的麵食與日本的拉麵乍看相似，其實有諸多不同之處。光是一般性的特徵或差異，就需要相當的經驗與靈敏度，如果是在地拉麵或獨創拉麵，還具有更多複雜的因素，筆者在第七章會詳加介紹。因此，受到日本拉麵的深度、奧妙魅力所吸引的廚師們，持續燃燒自身的挑戰精神，讓一碗拉麵顯現出職人們全心全意投注汗水與努力的結晶。客人們為了體驗拉麵的魅力，無論排隊排再久也要吃到。

回到與拉麵相關的話題，其實可以這樣思考：在一個麵碗之中包含全餐的概念。首先是喝一口湯，前菜是鳴門卷魚板、筍乾、海苔，沙拉為菠菜、蔥花、豆芽菜，主菜為叉燒，主食為麵條。透過湯頭、麵條、配料的組合，可體驗到拉麵全餐。接下來要介紹拉麵的代表性三種配料，也就是叉燒、筍乾、鳴門卷魚板。

叉燒、筍乾、鳴門卷魚板的故事

廣州料理的叉燒，是將豬肉烘烤過，來提高肉類的保存性。記得有這段故事，某間豬舍的豬隻慘遭祝融，被火燒過的豬肉依舊散發出香氣，肉質美味。

用於拉麵的叉燒、烤豬肉、水煮豬肉，做法經常讓人搞不清楚。叉燒是將豬肉以兩根鐵條串起，直接用火烘烤而成。烤豬肉會事先在豬肉上塗抹鹽巴與油，再整塊豬肉下去烘烤。水煮豬肉則是將豬肉放入熱水中慢慢煮，再泡進醬汁醃漬，據說水煮豬肉是最接近日本料理的調理方式，而且水煮豬肉的湯汁可以用來製作拉麵的湯頭。清爽的水煮豬肉，很適合用來搭配偏油膩的拉麵。如同前述，一九三七年（昭和十二年）出版的《軍隊調理法》記載了「水煮火腿」的製作方法，成為水煮豬肉的起源，也許是戰後的後備軍人採用了水煮豬肉的方法製作拉麵。現代的叉燒大多採用水煮豬肉的方式製作，做法容易又能與拉麵口味保持一致，調理方式也接近日本傳統的做法。

日文漢字的「麵麻」（麵媽，メンマ），中文叫做筍乾，戰前支那麵的筍乾被稱為支那竹。有關於麵麻的語源，源自於放在麵條上面的麻竹筍，才被稱為麵麻。另一種說法是，北京的麵館將放在麵條上的各種混合配料與調味料，稱為麵碼兒，其諧音演變成麵麻。

盛產於中國福建省、廣東省，以及台灣的麻竹，在製成筍乾時會先切細並蒸熟，用鹽巴醃漬，經過發酵後自然乾燥，要用時泡溫水即可。筍乾在台灣被當成儲備食物，經常與豬肉一同熬煮，含有豐富的纖維質，據說具有預防便秘的效果。

為何筍乾會成為支那麵的配料，至今依舊不得而知，據說在明治三十幾年，橫濱南京街所販售的支那麵已可見筍乾，由於筍乾是不具肉腥味的中華風材料，可能較符合日本人的口味便拿來搭配。根據《日本拉麵物語》（講談社）的記載，筍乾是從何時開始用在拉麵上，有各種的說法。據說一九一九年（大正八年）時，淺草的來來軒開始使用筍乾。另一種說法是在一九三七年（昭和十二年）時，神戶的貿易商從台灣大量進口支那竹，筍乾因此普及。

有很多人認為，鳴門卷魚板的味道與筍乾不同，不適合用來搭配拉麵。鳴門卷魚板是起源於哪裡呢？至今依舊沒有定論。

有此一說，鳴門卷魚板的源頭在靜岡的燒津魚板史年表上有記載：「一九三三年（昭和八年），鳴門卷魚板製造專門業者成立」。直到今日，日本全國約有70％的鳴門卷魚板，都是來自燒津所生產。據說鳴門卷魚板的原型源自江戶時代後期，經過明治時代中後期的發展，演變成為現今的外觀。

《調理用語辭典》（調理榮養教育公社）寫道：「鳴門是鳴門卷的簡稱，屬於魚板的一種，是用竹簾捲起紅白兩種魚肉泥並加以塑型，蒸熟製作而成。將鳴門卷魚板切片後，由於剖面圖案很像漩渦，因此得名。」鳴門卷魚板的外觀，也許是仿效鳴門海峽的漩渦吧！長崎還有用稻草捲起魚肉泥製作而成的飛魚魚板。通常，鳴門卷魚板會運用在日本料理的椀物（用碗盛裝的料理）與五目蕎麥的上置，放在拉麵上應該是為了增添配色。接下來要介紹拉麵的麵碗。

拉麵的麵碗

提到拉麵的麵碗，這也是拉麵的獨特魅力之一。根據《特愛拉麵》（冬樹社）的記載，拉麵麵碗的外形如圖18，分為①牡丹（利休）形、②扇形、③梅形、④百合形，各有特徵。牡丹形麵碗較為圓潤，盛裝麵食較具份量。扇形麵碗強調的是麵食的質地，更甚於份量。百合形麵碗的碗口設計，讓喝湯時更有趣味性。梅形麵碗是最適合拉麵的外形，這個設計易於用手捧著食用。通常在吃拉麵的時候會用手拿著麵碗，因此碗底的高度以手指易於固定的1至2公分為佳，白瓷的梅形麵碗是最佳的形態。

仔細觀察麵碗上的圖案，龍是中國古代帝王的象徵，與皇后的象徵鳳凰成對。囍字代表新郎新娘結婚時的雙喜臨門，四方形漩渦的八卦，是有驅魔涵義的蜘蛛絲圖案。應該找不到其他的器皿，會比拉麵麵碗的圖案更為華麗，並具有如此豐富的吉利象徵。

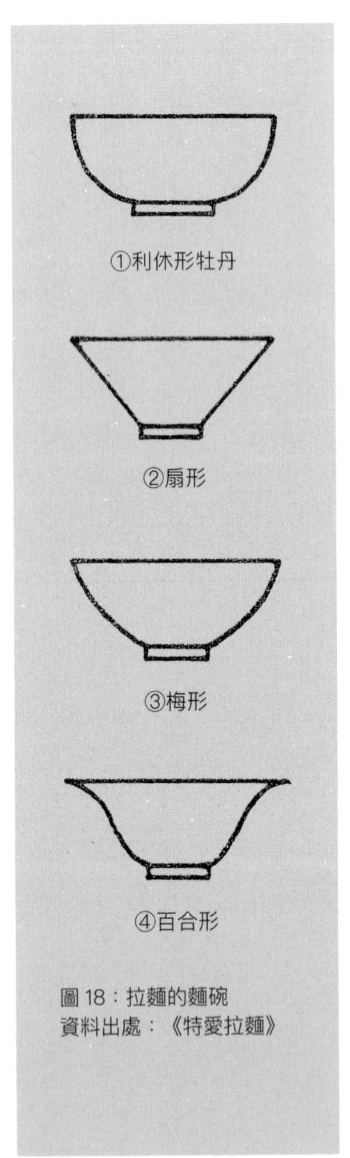

圖 18：拉麵的麵碗
資料出處：《特愛拉麵》

拉麵的吃法

那麼，最佳的拉麵吃法為何？

其實，不用按照制定「大和禮儀」的小笠原流宗家所建議的方法吃拉麵，以下列出拉麵愛好者有所堅持的吃法。根據《拉麵》（日本拉麵研究會）的記載，拉麵的吃法為：①先細細欣賞剛端上來的拉麵。②撒上適量的胡椒。③拿起筷子，輕輕整平表面。④重新移動配料的位置，夾取適量的麵條放入口中，透過麵條吸附的湯汁，間接品嚐湯頭味道。⑤一邊吃麵一邊品嚐配料，大口喝湯。⑥以絕佳的節奏品嚐麵條、配料、湯頭。⑦撈起碗底的麵條，一乾二淨吃完，可想而知剩下的鳴門卷魚板會有何處境了。筆者很想親身遇見這類的拉麵愛好者，但很可惜地尚未實現願望，畢竟也不可能盯著隔壁客人，觀察他怎麼吃拉麵，大家都有各自吃拉麵的方式與節奏感。

吸取蕎麥麵的技術

筆者以較長的篇幅，介紹了日本拉麵的一部分魅力。但直到現在，無論是日本的蕎麥麵或烏龍麵，以及中華風麵食的拉麵，都被視為不同的麵類。不過只要仔細觀察日本蕎麥麵的烹調方式，就會發現蕎麥麵與拉麵有密切的關聯性。

簡單整理兩者的概念如下。①為了呈現麵條與醬汁（湯頭）獨特的風味，都有各種講究的製作方法與技術。②湯頭與調味醬汁是蕎麥麵與拉麵必備的元素。③添加菠菜、蔥花等綠色蔬菜，是源自日本蕎麥麵的創意。④海苔為花卷蕎麥麵的招牌配料，鳴門卷魚板為五目蕎麥麵與阿龜蕎麥麵的招牌配料。⑤在拉麵撒上胡椒的方式，與江戶時代在蕎麥麵（烏龍麵）撒上胡椒的方式類似。然而，拉麵是如何吸取日本蕎麥麵的精髓呢？還需要透過更詳細的資料來深入探討。

首先，要論述南京蕎麥→支那蕎麥→中華蕎麥的名稱變遷。為何會被稱為「蕎麥」？眾所皆知，在江戶時代集大成的蕎麥切麵，其特徵是使用蕎麥粉。更進一步地說，在原本黏性的不佳的蕎麥粉中混入20至30%的小麥麵粉後，即可製作出能品嚐到蕎麥風味的麵食。

然而，拉麵類的麵食完全沒有使用任何蕎麥粉，但為何會被稱為蕎麥呢？理由有以下幾點。①拉麵麵條的粗細度與蕎麥麵接近。②在製作麵條時加入雞蛋或鹼水後，能產生有別於烏龍麵的嚼勁，口感與蕎麥麵相似。③在大正時代，由於蕎麥長年歉收，導致品質低落，因此將支那麵改稱為支那蕎麥，試圖力挽狂瀾。

筆者採信的是②的說法，其根據為一九三〇年（昭和五年）出版的《日本家庭大百科事彙》（富山房）中，有關於支那蕎麥的記載：「原本使用小麥粉製成的麵條，與烏龍麵沒有相異之處，但在揉麵時因為加入鹼水（含有小蘇打的天然水或低濃度蘇打溶液），偏硬的嚼勁與蕎麥麵相似，所以習慣稱為支那蕎麥（在明治時代稱為南京蕎麥）。」這似乎是有力的說法。這麼說來，當時經常會去人氣拉麵店排隊的年輕世代拉麵愛好者，如果他們說「去吃蕎麥吧！」指的是去吃拉麵的意思，並且會用「日本蕎麥」來稱呼蕎麥麵，加以區別。

在烹調技法上，比較拉麵與蕎麥麵的相似之處後，筆者發現驚人的事實。拉麵的湯頭及醬汁熬煮與搭配方式，與日本蕎麥麵的方法相當接近，這是中國麵食所欠缺的技巧。根據《打蕎麥麵的哲學》（筑摩新書）的記載，日本的蕎麥麵醬汁有數種調和方式，製作時得經過幾道費工的步驟。

蕎麥麵醬汁是以兩種液體混合製作而成，包含「調味醬汁」（かえし）與「高湯」（だし汁），調味醬汁是以醬油為原料，加入味醂與砂糖後以中火熬煮，再擺放數日到一星期的時間熟成，也就是醬汁原液。另外一種做法是將砂糖加入水中溶解，再加入醬油，沒有經過加熱，擺放數週以低溫自然熟成，名為「生調味醬汁」（生がえし）。高湯的做法是將柴魚片、鯖魚片等放入水中加熱，再用濾布過濾取出高湯，柴魚片是高湯的主體，可依據口味喜好加入乾香菇，某些地區還會使用當地打撈的小魚乾。

此外，該書作者哲學博士石川文康認為，①調味醬汁中醬油、味醂、砂糖的調和、

②製作醬汁時調味醬汁與高湯的調和、③藉由加熱方式讓醬汁與高湯完全調和、④醬汁與蕎麥麵的調和，這是極為重要的四大調和方式。

另外，針對日本蕎麥麵的醬汁製作方式，石川博士的論述令人感到意外。①像這類醬汁或醬料的製作方式，在世界上找不到類似的例子。②分別製作調味醬汁與高湯的構想，具有相當的邏輯性，這是西方理性主義的固有手法。然而，西方醬汁的製法，是在一開始便已經包含所有食材或成分。③但製作蕎麥醬汁時，是在最後階段才經歷費工的綜合手續。④重新檢視日本的蕎麥麵後，會發現無論是麵條或醬汁，都屬於極度例外的飲食文化。驚人的是，拉麵的湯頭與醬汁的關係，剛好與上述的思想不謀而合。日本的飲食文化，其強項是透過一道道的工法將食物加以和風化，拉麵之所以被稱為中華風的和食麵食，也是這個原因。

以哲學的角度來探討日本蕎麥麵的《打蕎麥麵的哲學》還提到，日本人對於拉麵的湯頭與調味醬汁所投注的心血，是以相同手法投射在蕎麥麵醬汁的獨特調和上。當中寫道：「蕎麥麵醬汁也是相同的道理，在熬煮調味醬汁的階段，由醬油、砂糖、味醂三大要素構成的調和。以柴魚片為主體的魚片類高湯，也構成了調和。由各種材料所構成的調和，經過混合後，在形成蕎麥麵醬汁的階段時，又產生新的調和。」結果，在所有的要素之間，實現了層層的調和。

經由以上過程所製作而成的獨特醬汁，由於具有深度，最大特徵是即使經過稀釋，也不會流失風味。醬汁密度高，味道厚實，具有穩定的調和性，濃郁的味道深受日本人喜愛。這也適用於拉麵的湯頭，切中精髓。在地拉麵或獨創拉麵的湯頭或醬汁，顯得琳琅滿目，這是為了透過具有個性的表現方式來追求變化性。湯頭要具有豐富的層次與好味道，還要保持清爽口味，這些看似矛盾的要求，也是追求穩定調和性的過程。

只為了吃到美味拉麵的客人，滿心期盼麵條與湯頭的調和，會心甘情願排隊等待好幾個小時。拉麵製作者的用心，也會直接傳達到品嚐拉麵者的心中，雖然只是一碗拉麵，客人卻能獲得廣大的滿足感。此外，日本蕎麥麵分為蕎麥湯麵的「淋汁」類型，以及沾麵的「盛裝」類型，像這些日本人獨有的感性特質，也直接反映在拉麵的吃法中。

拉麵之都札幌

提到拉麵的魅力，就不可忽略拉麵之都札幌的故事。筆者在第三章曾介紹過，從一九二二年（大正十一年）開始，札幌的竹家食堂將支那蕎麥改稱為拉麵的故事。接下來將以年表的形式，記錄札幌拉麵的發展過程，這些過程是札幌成為拉麵之都的原動力，洋溢著拉麵的魅力。

先從戰後的札幌開始寫起，在二戰結束的隔年，也就是一九四六年（昭和二十一年），出現了最早的拉麵路邊攤。從天津回到日本的松田堪七，開設了拉麵路邊攤（開創日後的龍鳳拉麵店體系），他使用豬骨熬煮而成的醬油味混濁湯頭，搭配以製麵機製成、添加小蘇打的麵條，替戰後的百姓注入一股活力。這油脂豐富的湯頭，成為札幌拉麵的原型。在一九四七年（昭和二十二年）西山仙治開設了「達摩軒」拉麵路邊攤，對於製作麵條傾注心力的他，開創了「西山製麵條」。

在一九四八年（昭和二十三年），從滿州回到日本的大宮守人（開創日後的三平拉麵體系），在松田的建議下開設了「味之三平」拉麵店，兩人的相遇過程，構成札幌拉麵發展的一大基礎。大宮發想出將豆芽菜加入拉麵的方式，是因為當時洋蔥成本過高，左思右想後，他利用豆芽菜來取代洋蔥。

在同一年，從中國撤離回到日本的人們，陸續在二丁目通的兩側開設拉麵路邊攤，熱鬧的景象宛如早市。到了一九五一年（昭和二十六年），許多拉麵店在南五西三東寶公樂電影館旁邊開張，取名為「公樂拉麵名店街」。曾經在滿洲國擔任外務官的岡田銀八，開設了「來來軒」，客人絡繹不絕，這是從政府官員轉職成為拉麵店老闆的成功例子。隨著拉麵店的產生，「拉麵商店街」（ラーメン横丁）的型態逐漸成形，到了一九五三年（昭和二十八年），編輯花森安治透過雜誌向全國介紹札幌拉麵，相信人們可從札幌拉麵感受到戰後復興的能量。

花森安治於一九五四年（昭和二十九年）一月十七日號《週刊朝日》，刊載了「札幌—拉麵之都」的文章，戰後過了九年，她透過特集報導向讀者傳達日本各地復興的現況。花森將戰後的札幌形容為東洋的巴黎，是直率爽朗的城市；另一方面也描述北海道因煤炭價格高漲，導致民間出現疲乏無力姿態，當地人開始產生危機感（北海道坊間充斥著內地用品，內地指北海道以外的都府縣），並下結論說：「札幌的名產就是拉麵，不是鮭魚也不是昆布。」以下引述花森的記述，讓我們一同回想當時札幌的情景。

拉麵自然而然地成為名產，但不是因為拉麵特別美味，而是拉麵店太多了。在札幌市區無論走到哪裡，只要沒超過一町的範圍，就會看見拉麵店的招牌。在薄野一帶，拉麵店已經到櫛比鱗次的程度。泡完溫泉去吃拉麵，電影散場後去吃拉麵，吃拉麵當作午餐，情侶散步完想要休息時去吃拉麵，有客人造訪時也一起去吃拉麵。實際來到百貨公司的美食街，會發現多數人都在吃拉麵，因為一碗拉麵為六十日圓，以札幌的物價而言，應該算是親民的價格。也許是北海道氣候寒冷的緣故，會讓人想要多加攝取油脂，或許省錢又便利也是其中的原因。即便如此，只要看到一整排的拉麵燈籠招牌，或是聽到戶外廣告看板聲嘶力竭地發出「拉麵、拉麵」的聲音，就會有置身於札幌的切身感受。

書中下了「札幌的確是拉麵之都」的結語。對於經歷戰後嚴苛的混亂期與戰後復興時期的日本人而言，拉麵是令人懷念的回憶，並且讓人想起拉麵曾經讓日本度過戰後的糧食危機。拉麵就是戰後飢荒中的救世主。

隔年一九五五年（昭和三十年）出版的《生活手帖 第32號》，刊登了標題為「札幌拉麵」的報導，寫道：

> 札幌拉麵並沒有悠久的歷史，通常是戰後從中國撤回日本的人士為了謀生而開創的事業。它們大多為路邊攤的形式，當中只有真正好吃的路邊攤才能存活下來，這些存活下來的路邊攤，慢慢有店家的樣子。不是因為長年修業所累積的經驗，也不是因為擁有一脈相傳的製作祕笈。更明白地說，雖然是看起來不太可靠的門外漢，但憑藉著生疏的技術製作，而且在其他地方吃不到如此好吃的拉麵，所以很不可思議。

拉麵的材料包括支那蕎麥麵條（筆者註：雖然已經是戰後的昭和三十年代，依舊

圖 19：昭和三十年的札幌拉麵店
資料出處：《生活手帖 第 32 號》

留存此名詞）、生豬肉、豬油、洋蔥、豆芽菜、筍乾、蔥、大蒜，湯頭則包括雞骨、洋蔥、胡蘿蔔、大蒜。雜誌裡也詳細介紹拉麵的製作方法：「讀者可以嘗試製作看看，應該可以想像出來拉麵的味道如何，也會有人因此上癮。」還介紹了大宮守人的「味之三平」拉麵店。從該時期開始，札幌拉麵在日本全國打響名號，各地對於拉麵上癮的日本人逐漸增加，並再次提到拉麵的魅力，在於便宜、便利、美味，且具有高營養價值，其獨特風味令人產生吃過還想要再去吃的強烈慾望。

關於花森安治的報導，還有以下的後續故事，漫畫家大場比呂司於一九六七年（昭和四十二年）撰寫的文章「拉麵之都札幌」，收錄於《傑出飲食短文八十選》（食のエッセイ珠玉の80選，COA編輯部），書中詳述拉麵在日本各地爆發性定型化與普及化的理由：

當花森安治來到札幌時，她以札幌拉麵店眾多，以及拉麵在生活型態中帶給人們的感受等特點，向全國宣傳拉麵之都札幌；連札幌的時計台都播放著嗩吶的吹奏聲。雖然當時的社會瀰漫著悲傷氣氛，但仔細想想，花森說得真好，拉麵的確能振奮人心。當然，拉麵一碗沒有賣到五百日圓，也是吸引眾人目光的理由之一。只有賣八十日圓或一百日圓的拉麵，加上其份量與特殊風味，壓迫到傳統生蕎麥麵的生存空間。此外，我想拉麵也十分符合現代人的口味，而且拉麵的風味因地區而異，與其探究何謂正宗口味，倒不如依據當地特有的食材來研發拉麵。也就是說，拉麵是經由日本人改良過後的中華麵。

在此，筆者雖然想對札幌拉麵的發展簡史做個總結，卻無法這樣做；因為日後還有許多埋首於製作拉麵的料理人陸續現身，接下來以年代順序來介紹。一九五三年（昭和二十八年），堀川壽一研發出能自動延長麵條保存期限的方法，接著在一九五五年（昭和三十年），他發明了可將麵團自動切成一球麵條的機器。

另一方面，到了戰後，拉麵店開始從咖啡廳消失。根據《札幌拉麵之書》記載：「以豬骨骨髓熬煮而成的湯頭，加上使用豬油快炒的豆芽菜、洋蔥，搭配拉麵上頭的蒜泥，在充滿咖啡香氣與重氛圍的咖啡廳中，已經顯得格格不入。」這也代表真正具有魅力的拉麵正式登場，讓人上癮的拉麵，正在日本全國蔓延中。

還有這一段小故事，在一九六〇年（昭和三十五年）時，原本與父親一同經營鞋店的菅原富雄，不知為何突然改行開了拉麵店，店名為「富公」。富公才開業沒多久便成為排隊名店，每天平均賣三百五十碗，一天最多可以賣到六百碗。菅原富雄的成功並不是偶然，是他熱衷於研究拉麵，每天三餐都吃拉麵，與其說他是拉麵愛好者，更像是一位拉麵中毒者。

菅原富雄下定決心要開一間拉麵店後，曾在大宮守人的「味之三平」拜師學藝，大約待了五十天。根據《札幌拉麵之書》的記載：

菅原向大宮拜託：「我想開一間拉麵店，可以教我如何製作拉麵嗎？」大宮回道：「如果有找到合適的店面，應該就能開設拉麵店，但我沒有充裕的時間可以教你全部的技術，如果你有心學習，就在旁邊仔細觀摩我的一舉一動吧！」從那時候開始，菅原在味之三平待了一個半月的時間，專心學習大宮的所有技術。

像這樣在知名拉麵店修業的勵志故事，多到數不清，而這些資深料理人的共通點，是他們不會用「我無法傳授祕傳的技術」為理由拒絕，而是以「自己要想辦法去偷學我的技術」來激勵有心學習的人士。在拉麵界，同業雖然是競爭對手，卻也是相互支持的伙伴，能感受到拉麵料理人想努力提升拉麵層次的氣概。記得某位知名歌舞伎演員，在訪談中說過：「技藝是無法用教的，想學的人只能自己想辦法去偷學。」

兩者是同樣的道理。

到了昭和三十年代，札幌市區大約有兩千多家拉麵店，戰後的美國暢銷家庭月刊《讀者文摘》（Reader's Digest）中，知名湯品與食品品牌美極（Maggi）的社長指出：「日本人已經忘記味噌的功用。」大宮守人看到這番話，感觸良深。當時有許多單身遠赴札幌工作的人士，被稱為「札總族」（札チョン族，日文札幌與韓文單身漢合併而成的簡稱），他們在外地工作許久，早已忘記老家味噌湯的滋味。某天，大宮試著把用味噌熬煮的豬骨湯頭加入拉麵中，誠惶誠恐地把試做的拉麵端到客人面前，沒想到竟在札總族之間大受歡迎。重拾信心的大宮，採購了全國知名品牌的味噌，在失敗中反覆嘗試，最後選用了新潟縣生產的百羽之矢味噌，因而造就「味噌拉麵」的誕生。據說，花森安治也對充滿日本風味的味噌拉麵讚不絕口。根據大宮的研究，味噌拉麵與豬絞肉是絕佳組合。大熊勝信是大宮在國中時期的學長，他開了「小熊」（熊さん）拉麵店，聽聞大宮推出味噌拉麵後，大熊也立刻推出味噌、醬油、鹽味口味的拉麵，立刻成為排隊名店。

終於，札幌拉麵迎來進軍日本全國的機會，一九六五年（昭和四十年）秋天，拉麵業者在東京與大阪的高島屋百貨，舉辦北海道物產展，現場規劃了現煮札幌拉麵販售活動，大熊的味噌拉麵隨之進駐東京，全國的民眾開始認識札幌拉麵。

一九七一年（昭和四十六年），十六間拉麵店在札幌薄野鬧區開張，形成拉麵一條街，接著在南四条西三丁目也形成新的拉麵街。這些拉麵經營者有一大共通特徵，根據《這就是札幌拉麵》的記載：「首次產生的公樂拉麵街，其經營者都是二戰結束後的後備軍人或從中國撤回日本的人士；第二次誕生的拉麵街，其經營者大多為昭和三十年以後轉職賣拉麵的前上班族，其中也有離職的礦工。」戰後過沒多久，從中國回到日本的日本人，充分發揮在中國的所學與經驗，開設了拉麵店；到了昭和三十年以後，因為日本人開始感受到拉麵的真正魅力，各個階層與在職人士紛紛投入製作拉麵的行列。

受到拉麵所吸引的人們

以札幌拉麵為契機，拉麵的人氣節節高升，深受拉麵魅力所吸引的人們，在日本各地如雨後春筍般出現。由於相關的故事不勝枚舉，礙於篇幅的關係，在此介紹與拉麵有深厚關係的兩則故事。

作家小島政二郎是一位知名的美食家，他在一九七八年（昭和五十三年）的著作《天下一品 饕客記録》（天下一品食いしん坊の記録，光文社）中寫道：

我有一位號稱是拉麵狂熱份子的朋友，他光是在東京就已經吃遍三百多家拉麵店，但還無法感到滿足，只要聽聞某地區有好吃的拉麵店，不惜路途遙遠也要前去吃上一碗。據說，最近還千里迢迢跑去岐阜縣，只能說太瘋狂了。他提供給我的拉麵店口袋名單，雖然只有四、五間，但每一間都比我之前自己吃過的拉麵店還要好吃。例如，位於京橋普利司通後方的「太鼓番」，我在那裡第一次吃到如此好吃的拉麵，無論是麵條的味道、湯頭的層次、全體的調和性、麵條的嚼勁、濃郁的風味等，所有要素融為一體，美味極了。

小島還在書中刊載了曾經造訪過的拉麵店家的食記。不過，像這種程度的拉麵愛好者，在現代並不算罕見，接著要介紹的是對於拉麵更為狂熱的故事。「只要三天沒吃到拉麵，便有難以控制思念的心情」因為這個理由，有位男子不顧妻子的反對，堅持在店內一角開設西洋風拉麵店。他是在東京日本橋經營西餐廳「泰明軒」的茂出木心護，茂出木在一九七三年出版的著作《洋食屋》（中央公論社）寫道：

我從好幾年前就很想販售拉麵，於是把廚房的一部分改造成拉麵烹煮台，但太太強力反對，她認為明明是洋食屋，卻販售「蕎麥麵」，簡直不成體統。我回說：「身為餐飲業，不管賣什麼樣的食物都沒關係，只要美味又便宜就好。」講句真心話，我實在太喜歡吃拉麵了，只要三天沒吃到拉麵，整個人就覺得怪怪的。因此，與其要去費心尋找好吃的拉麵店，不如自己也來嘗試賣拉麵。

由於泰明軒屬於西餐廳，所以熬煮湯頭的方式也是採用西式做法，除了加入豬骨與雞骨，還會加入馬鈴薯。《洋食屋》還記載了店家與前來品嚐拉麵的客人，兩者之間的應對過程，內容相當有趣。簡單列出幾條，包括：「我今天也是第一位客人吧！已經養成習慣了，每到這個時間，就會不自覺地來到店裡」、「我從遠地而來，還好在打烊前趕到」、「有客人眼看時間來不及了，只好大口大口地吞下特大碗拉麵，一滴湯汁也不剩」、「有客人將炸蝦放在麵條上，感覺很像是吃天婦羅」、「蕎麥麵就是要加醋才好吃」、「有客人食量較小，通常會點半碗的份量」、「有客人喜歡加大量的蔥花」、「有客人喜歡加多一點的醬油」、「有客人喜歡軟一點的麵條」、「有客人不喜歡在有冷氣的店內吃麵，還汗如雨下地說：就是要在這裡吃蕎麥麵才對味」。由此可見，人氣排隊拉麵店的老闆，在烹煮拉麵時，往往會聽取每一位客人的喜好，用心對待每一位喜歡拉麵的客人。

繼續介紹茂出木沉迷於拉麵的故事，根據他在一九七七年（昭和五十二年）出版的著作《泰明軒談天說地》（たいめいけんよもやま噺，文化出版局）記載，茂出木曾經出國旅行，難得在國外吃到拉麵，卻大失所望。

我看到一間拉麵專賣店，迫不及待地進入店內，看到一位留長頭髮，外貌令我感到厭惡的日本小夥子正在煮拉麵。我還是點了一碗拉麵，看到店家端出醬油拉麵，上面放有筍乾與叉燒，看起來跟一般拉麵沒什麼兩樣，但麵條太粗，一夾起來就斷了，實在很難評論為好吃。（中略）從此以後，我只要來到中華料理店，就會特別留意拉麵的選項。我曾看到某間店家的湯類菜單欄位上，寫有中國麵，並用括號標示「拉麵」，內心感到雀躍的我，立刻點了一碗。拉麵為鹽味湯頭，內有雞肉、竹筍、蔥花配料，以及煮過的日本蕎麥麵。吃完這碗拉麵，我簡直失望極了，心想自己怎麼這麼倒霉。（中略）我來到歌劇院旁邊的中華料理店，看到菜單上寫著柳麵，下方用括號標示「細麵」，由於柳麵在以前被唸作拉麵，我覺得應該是店家搞錯假名拼音了，因此點了一碗柳麵，結果端上桌的是一盤日式炒麵。我以為是送錯餐點，叫來服務生，對他指了指菜單上的菜色號碼與名稱，但服務生卻表示沒有送錯餐。

這是茂出木在巴黎街頭的用餐經驗，相信很多人來到了國外，應該都有遇過類似陰錯陽差的例子吧！

茂出木曾經在泰明軒鍛鍊料理技術，不可能沒有接觸過中國料理，他曾回憶當時的過程，寫道：

昭和三年的時候，泰明軒總店開始自行製作中華麵，但當時鹼水的價格太貴，只能購買十錢的便宜工業用洗滌蘇打，再加入一升瓶的水中溶解使用。老闆常吩咐說：「阿心，去幫我買洗滌蘇打。」因此，我長年來在製作支那蕎麥時都會使用洗滌蘇打，直到戰爭結束前，我在自家店面製麵時也會這樣用。現在想起這件事情就會感到不寒而慄，雖然從未發生危害人體健康的事件，仔細想想從前的人們真的是身強體壯。

看來，這與戰後民間使用燒鹼的情形相似。此外，為了製作出美味的拉麵，茂出木強調麵條與湯頭的重要性，並在書中詳細介紹湯頭的做法。

將豬腿肉切成直徑五公分、長十五公分的棒狀，用麻繩綁住，鍋子裝水開大火熬煮豬腿肉，沸騰後轉小火。將煮好的豬肉放進醬油中醃漬，醬汁可以當作拉麵湯頭使用。此外，也可以用水與醬油熬煮豬肉，再用雞骨熬煮湯頭，以豬肉的湯汁取代醬油，作為拉麵湯頭的提味。有些人會將雞骨放入滾水中熬煮，再用冷水清洗雞骨後熬煮湯頭，但我不認同這種方法。本店的做法是將豬骨放入滾水中快速燙一下，再用冷水清洗，再將豬骨與雞骨一同放入鍋中開大火熬煮，水滾後轉小火，再加入洋蔥與胡蘿蔔丁，慢慢熬煮五小時左右。湯頭的美味與否，取決於是否使用大量的豬骨與雞骨，沒有什麼特別高難度的訣竅。

看完茂出木的描述，讓人也想照著他的方式製作看看。

換個話題，到了一九五八年（昭和三十三年），發明泡麵並讓泡麵站上世界舞台的男人，安藤百福出現。他讓日本拉麵成功變身為世界的拉麵，是擁有堅定信念的先驅，一位百年難得一見的奇才。

第 6 章
誕生於日本的世界級拉麵

速食食品時代來臨

接下來要將目光轉移到出現於戰後復興期的新形態食物的流行動向，也就是省時便利的速食食品。記得，戰後最早出現的是粉末果汁，這是在貧困時期誕生的智慧，是窮極生智的簡易飲料。葡萄糖粉末含有化學成分，能營造出水果的顏色、香氣與酸味，將粉末加入水中即可調製出橘子口味的飲料。筆者也曾經喝粉末果汁度日，讓人回想起孩提時光。喝下一口飲料，口中感受到的清爽酸味，令人印象深刻。

戰前其實也有類似的速食食品，例如只要用熱水沖泡即可食用的速食紅豆湯。不過，從戰後的動盪期到社會恢復安定的時期，可說是多采多姿的速食食品時代。在昭和三十五至三十六年，出現了即溶湯包、即溶奶粉、即溶咖哩等，以及在現代已經常為日常必需品的即溶咖啡。當時的日本，電鍋與冰箱等電器正開始普及。一九六一年（昭和三十六年），日本農林省的糧食研究所成立了速食食品研究會，正式宣告速食食品時代的到來。扮演領頭羊角色的，正是日後於食品業界風靡一世的「泡麵」。

挑戰全新麵食文化

泡麵的發明者安藤百福正式登場，他是日清食品公司的創立者。《食物面談誌》（面談たべもの誌，文藝春秋）記載了安藤百福與石毛直道的對談內容，其中可見許多研發泡麵的艱辛過程。安藤百福說道：

在戰後的糧食危機中，看到城鎮遭戰火燒成一片廢墟，還有人們陷入飢荒的景象，我深痛感受到食物的重要性。如果食物匱乏，人們的精力、體力、智力都會因此衰退。剛好在這個時期，從中國撤退回國的人士在大阪梅田開設了拉麵路邊攤，僅僅一碗拉麵就創造了大排長龍的景象。拉麵不僅能填飽肚子，日本人也是極愛麵食的民族。我當時在思考，是否有更便利的吃麵方式呢？跟稻米相比，在當時由於小麥麵粉很容易取得，所以我決定開始研究能受到大眾歡迎的拉麵。記得當時是昭和二十二、二十三年左右，接著就經過了十年的歲月。

在研發泡麵的過程中，最難的地方在於麵條的乾燥與調味的技術。經過乾燥變得硬梆梆的麵條，很難快速恢復原本的彈性，而且經過反覆嘗試與調整，還是無法成功。直到某天，我在天婦羅店看到師傅正在炸天婦羅，觀察到沾有麵衣的天婦羅，在熱油中因水分蒸發後浮起，靈機一動想到也許可以用油炸的方式來讓麵條乾燥，並同時具有殺菌效果。由於油炸過的麵條表面會產生小孔，易於吸收水分，於是炸天婦羅給了我許多靈感。

不過，我接連遇到許多難題。如果加入雞蛋，雖然麵條風味變佳，但卻變得糊糊的；若加入鹽巴，則變得更脆，麵條黏性會變差。水分太多會黏糊糊，太少又會變得乾巴巴的。

我一邊解決這些難題，並思考企業化的模式與方向。一開始我認為，事先經過調味的麵條，能更快速且方便地食用。此外，有關於包裝的衛生問題，也是一大課題。昭和三十三年，我在大阪的十三地區設立了具有六條產線的小型工廠（SUNSEA 殖產公司），只有二十位員工，全手工作業，每日生產三百包泡麵。記得一開始在洽談上市事宜時，連批發商都不看好，甚至有人在看到泡麵後，冷笑地說：「這麼奇怪的拉麵，怎麼賣得出去。」沒想到泡麵上架後意外暢銷，批發商還希望先支付訂金，請我們盡快出貨。

從以上的談話內容中，可見安藤將不可能化為可能，為了發明新形態的食物，在十年期間持續費盡心思的堅定決心。在他的努力之下，造就「雞汁麵」的誕生。SUNSEA殖產公司的面積不到一百平方公尺，是以舊倉庫改建而成的二層簡陋工廠，在推出雞汁麵的同年，安藤百福將公司名稱改為「日清食品」，重新出發。

一九五八年（昭和三十三年），烏龍麵一球售價6日圓、吐司一斤30日圓、牛奶一瓶13日圓，當時雞汁麵竟以每包35日圓的高價上市。隔年，雞汁麵的消費量達到每年7千萬包的誇張數字。根據日本速食食品工業協會資料庫的資料，袋裝泡麵的消費量在昭和三十七年為10億包、三十八年為20億包、四十年為25億包、四十三年達到33億包。

寫到這裡，筆者想起曾造訪位於日清食品東京總公司的食物圖書館，看到《逃出困境：在劇變的時代中求生》（苦境からの脱出―激変の時代を生きる，foodium communication）這本書，對於生在現代低成長時代的我們來說，這是一本企業經營的聖經，蘊含安藤百福的人生哲理。筆者節錄書中有關於安藤百福發明泡麵的部分內容，由於省略了前後文章，如果讓讀者產生誤解或混淆，全都是筆者自身的責任，請多見諒。故事的時代背景皆為昭和三十幾年。

安藤將研發的目標放在麵食，他自問自答地寫道：「常吃粉類食物，也就是麵包，對我們來說真的是好事嗎？如果只吃麵包，沒有攝取副食品，營養就會失衡。日本人長年來以麵包與茶湊合度日，為何政府從來沒有鼓勵國人攝取東洋的傳統麵食呢？」然而，當時日本人對於拉麵的認知，僅止於拉麵是戰後拉麵路邊攤所造就的全國人氣食物，因此有許多人反對安藤將拉麵加以企業化並量產的構想，而且似乎也沒有人表示贊成。

但是，安藤展現堅定的決心說：「為何不嘗試開發新的拉麵呢？我不是要擺路邊攤賣拉麵，而是要在工廠生產，讓所有日本人都能在家裡享用。」這時候多數人還是否定安藤的想法，認為拉麵終究只是拉麵。但安藤沒有屈服於多數人的反對，為了實現在工廠生產拉麵這件事，他訂出了研發拉麵的五大目標。「第一是美味，除了要具備該有的風味，還要創造出與一般麵食不同的味道，增加客人的購買慾望。多吃幾次便令人難以忘懷，在不知不覺中每天都吃拉麵，隔天還是很想吃。重要的是讓人回味無窮，產生：真是太好吃了！的想法。」這是安藤全新的抱負與決心。第二項目標是保存性、第三為便利性、第四為經濟性、第五為安全性。這五大目標兼具現代日常生活食品的所有必備條件。

雞汁麵的誕生

安藤在池田市的自家後院，蓋了一間如圖20的置物小倉庫，開始進行研發。研發目標為無論何時何地都能方便食用，並能長期放在家中的拉麵。他一天只睡四個小時，工作時完全沒有休息，以高效率與步調在一整天完成一個月份量的工作。據說安藤十年來，都保持著不眠不休的奮鬥狀態。他終於在一九五八年（昭和三十三年）開發出雞汁麵的製作方法，其內容為「將麵粉、鹼水、香料等食材加水混合後揉麵，再用製麵機將麵團切割成麵條狀，以高溫在短時間蒸好麵條，再將麵條泡在湯汁中調味，放入模具中成形，再以油炸方式即可製成雞汁麵。」安藤將此方法取名為「急速油熱乾燥法」，是劃時代性的食品乾燥法。有人認為，速食雞汁麵的製作方式，類似廣東省知名的伊府麵或雞絲麵，唯一不同之處在於雞汁麵有經過事先調味。

圖 20：誕生雞汁麵的研究小倉庫（還原版）
資料出處：《泡麵發明物語》

現代的速食泡麵分為中華麵、和風麵、歐風麵、點心麵等（杯麵類）等，數量多達五十種以上，另外還區分為油炸與非油炸麵，但無論何種麵條，其製法都與安藤百福在一九五八年（昭和三十三年）發明的雞汁麵相同。

東京的阪急百貨有樂町店於一九五八年（昭和三十三年）舉辦泡麵試吃會，以「只要倒入熱水沖泡兩分鐘即可食用的魔法拉麵」為宣傳口號，讓許多試吃的客人大吃一驚。對於肚子餓的人而言，據說兩到三分鐘是等待的極限時間，隨著泡麵的問世，也讓拉麵在日本全國更加提高知名度。在安藤四十八歲的時候，這個夢幻般的食品，終於讓他的座右銘「好吃的食物就是好吃」完美實現。《泡麵發明物語》（泡麵發明紀念館）生動地描述泡麵誕生的瞬間：「只要倒入熱水沖泡兩至三分鐘，就可以吃到超級好吃的拉麵，這實在是令人感動。用筷子一夾，確實是軟中帶勁的麵條，吃下一口，美味極了！很難用言語形容內心的激動。」在明治時代初期，木村安兵衛父子花了六年的歲月，發明了紅豆麵包；持續埋首於研發雞汁麵的安藤，則花了十年的歲月。在昭和三十三年八月二十五日，安藤的雞汁麵首度於大阪市中央批發市場出貨，這天被定為拉麵紀念日。

考生的宵夜、單獨外派至外地工作者的食物、小孩的零食、空腹時的點心等，日本的泡麵愛好者逐漸增加，也促使全國拉麵愛好者凝聚了向心力，使得拉麵之名傳遍日本各地家家戶戶，造就拉麵的普及化。隨著泡麵急速普及，可想而知的是各家泡麵廠牌林立，商業競爭激烈。一九六四年（昭和三十九年）日本拉麵工業協會（之後的日本速食食品工業協會）成立，由安藤百福擔任由七十一家公司組成的首任工會理事長。

然而，當劣質的泡麵在市面上流通後，泡麵引來難吃又不健康等負面批評，各家公司為了加強市場競爭力，推出附湯包的泡麵、高級化泡麵、味道多樣化泡麵、非油炸麵、獨特風味泡麵等，持續投注努力，像是陸續問世的「嗩吶」、「札幌一番」、「出前一丁」、「中華三昧」等商品，至今依舊健在。

安藤的人生格言是「食足世平」，意思是人只要能夠吃飽，天下就會太平。食物是人類生存在世上最重要的要素，如同筆者在第二章提到「中國人對於飲食的執著」，都是相同的東洋思想。很不可思議的是，在現代有許多人氣排隊拉麵店的老闆，也都懷有相同的抱負。

杯麵的發明

到了昭和四十年代，持續急速成長的泡麵（袋裝）開始陷入停滯期，一九四三年的消費量為33億包、四十四年為35億包、四十五年則為36億包，成長速度緩慢。在這樣的狀況之下，新發明的杯麵正式登場。

延續雞汁麵的熱潮，安藤再次燃燒對於「食足世平」的執著，他開始思考如何將拉麵推廣至國外市場。為了試探泡麵在國外上市的可能性，安藤在一九六六年（昭和四十一年）親自前往美國進行市場調查。安藤親眼目睹美國買家用手撥碎雞汁麵後放入杯子裡，加入熱水沖泡後用叉子吃麵的驚人景象。原來如此，如果把麵體放入杯子裡，杯子不僅是包裝材料，也是調理器具（鍋子），還可以當作餐具使用，與其說是一石二鳥，倒不如說是一舉數得。在返回日本的班機上，空服員供應夏威夷豆點心給乘客，他看到盛裝夏威夷豆的容器上蓋，是密封性極佳的鋁箔，因而產生研發的靈感。

不過，這些研發的靈感，存在著大量的難題，例如能否取得隔熱性的材料，保溫性也相當重要，還有容器的重量要輕且易於手持，更有成本問題，如何確保食品的衛生安全等，首先要解決以上的問題。此外，將麵條放入杯口狹小容器的方式，是否能夠量產？安藤的腦中不斷地圍繞這些問題。最後，他從收集到超過六十種的包裝材料中，找到保麗龍這個新素材。

保麗龍具有絕佳的隔熱性，容器裡的熱湯不會在短時間內冷卻，手持容器也不會燙傷，輕巧具有一定厚度。不過，一開始在將原料國產化的階段，安藤試用了裝魚的保麗龍魚箱、青森縣的保麗龍蘋果箱等包材，為了引進這些新容器，他還成立了研究計畫團隊，進行泡麵容器的研究。

但是，經過實地試驗後，發現不少問題，研發過程並不順利。第一個問題是保麗龍難以一體成型，還有礙於麵體的形狀，雞汁麵難以放入圓形的杯子裡。在狹窄的杯

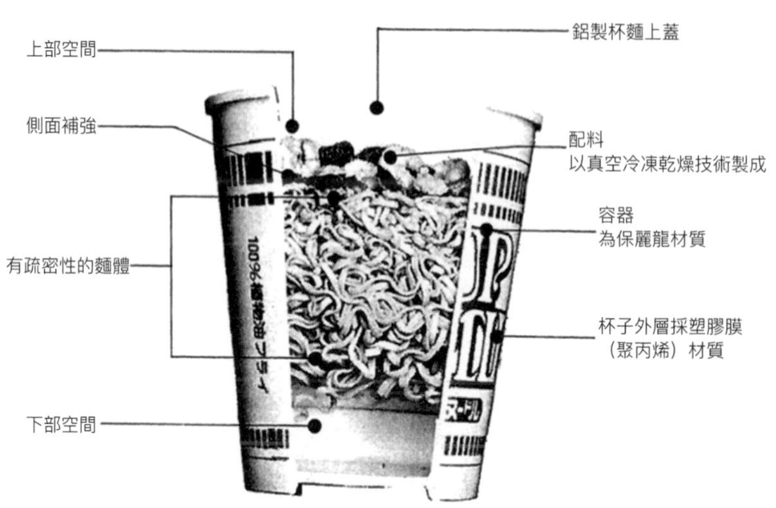

圖 21：麵體固定在中間的杯麵結構
資料出處：《食足世平》

子容器中，倒入熱水沖泡後的二至三分鐘的時間裡，麵條難以回復到原本的外觀。

經過失敗、反覆嘗試的結果，安藤找出的結論是將麵體放進杯子形狀的鐵框中油炸，就會形成下方密度稀疏、上方稠密的疏密麵，這個是近似於炸天婦羅的構想。此外，在包裝程序上，不是將麵體放入杯子，而是用杯子蓋住麵體。如同圖21所示，當杯子底部形成空洞後，麵條在容器中呈現懸空的狀態，倒入熱水後，熱水會積聚在杯底，透過杯底的水蒸氣來加熱麵條後，整個杯子的溫度變得平均，麵條的狀態也回復得更佳。經過長期的努力，各式各樣的創意陸續產生。

此外，安藤採用了真空冷凍乾燥技術，在麵體上方奢侈地放入豬肉、蝦仁、雞蛋、蔬菜等配料，以便保持新鮮度與品質，此舉讓配料在熱水中恢復成原形的速度也變得更快。附帶一提，以往的配料都是以熱風乾燥製成，無法保持高品質。此外，安藤還將湯包做成顆粒狀，更易於溶解於熱水中。這些在現代看似理所當然的食品製造技術，在當時可算是天馬行空的創意構想，也伴隨著極大的風險。

一九七一年（昭和四十六年），跨時代性的新產品 CUP NOODLE 杯麵上市，當時是大阪萬國博覽會開幕的隔年，只要準備熱水，無論在何時何地都能吃到熱騰騰的拉麵。跟每包35日圓的速食泡麵相比，杯麵的價格多了一百日圓，讓有些客人望之卻步。不過，安藤依舊秉持著「好吃的食物就是好吃」的信念。

但是，在日本經濟團體聯合會會館舉辦的新品發表會中，像是「價格過高！真的能用叉子吃麵嗎？杯麵的味道不像泡麵」等，安藤陸續收到許多負面評價，但他沒有因此喪氣與屈服。如果既有的食品批發通路不管用，就必須確立新的市場行銷方式。安藤決定在東京體育場與行人徒步區舉行試吃販售，並著手研發會自動倒入熱水的泡麵販賣機，銷售逐漸透出一絲曙光。例如，在銀座開始實施假日行人徒步區政策的那一年，安藤在此創造了一小時內賣出兩千八百碗、一天內賣出兩萬碗的銷售成績。在生活風格被美國文化影響的年輕人階層間，杯麵大受歡迎。時代的演變，來到年輕世代的時尚轉型期。此外，在發表CUP NOODLE杯麵的隔年，日本發生極左翼成員「連合赤軍」，闖入淺間山莊挾持人質事件，當時日清免費提供杯麵填飽三千多位警察與記者的肚子。據說在同年發生的東大學運，雞汁麵也派上用場。

這類的新型態食物，開始受到各年齡階層的接受與喜愛，同年出版的《食品工業》一書（一九四七年十二月三十日號），稱讚杯麵為「將不可能化為可能的拿破崙等級發明。」隨著杯麵的問世，泡麵的市場競爭更加激烈，像是麵條、湯頭、配料的多樣化、差別化、高級化、獨食化等，持續因應消費者的廣大需求，誕生了各種創意與匠心之處。

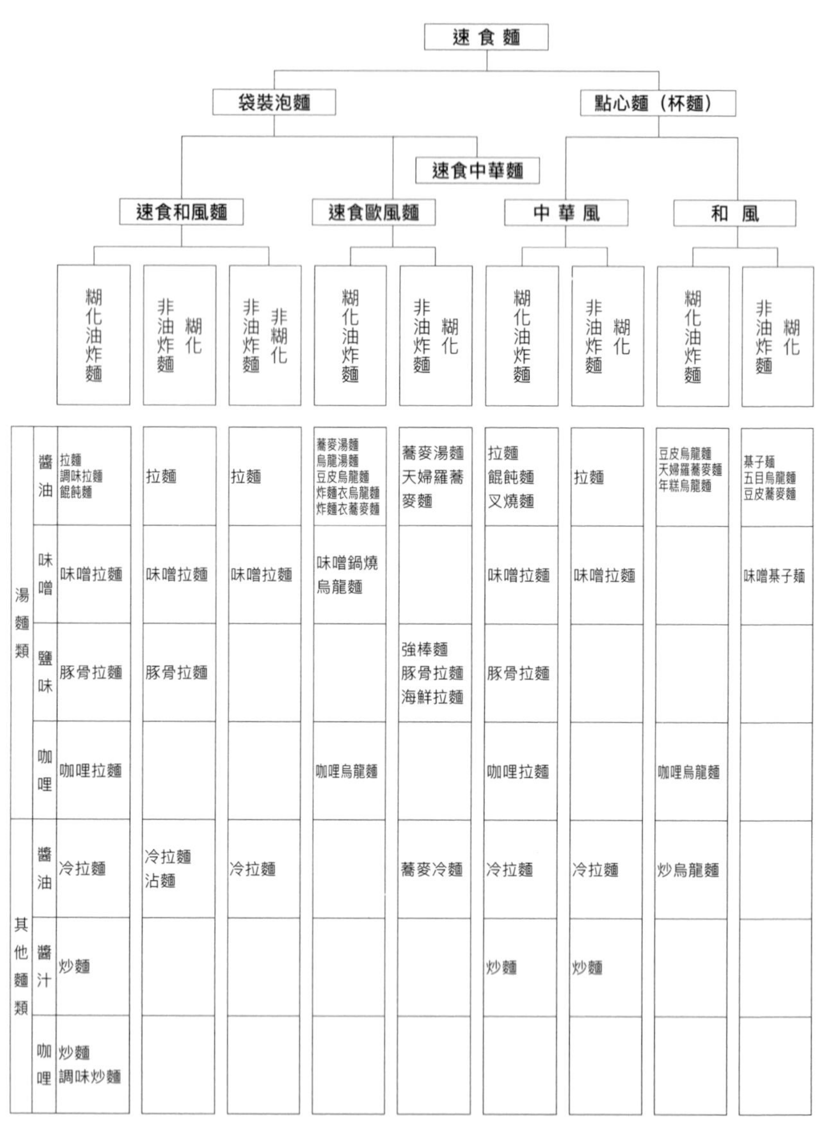

類別	口味	速食和風麵：糊化油炸麵	速食和風麵：糊化非油炸麵	速食和風麵：非糊化非油炸麵	速食歐風麵：糊化油炸麵	速食歐風麵：糊化非油炸麵	中華風：糊化油炸麵	中華風：糊化非油炸麵	和風：糊化油炸麵	和風：糊化非油炸麵
湯麵類	醬油	拉麵 調味拉麵 餛飩麵	拉麵	拉麵	蕎麥湯麵 烏龍湯麵 豆皮烏龍麵 炸麵衣烏龍麵 炸麵衣蕎麥麵	蕎麥湯麵 天婦羅蕎麥麵	拉麵 餛飩麵 叉燒麵	拉麵	豆皮烏龍麵 天婦羅蕎麥麵 年糕烏龍麵	棊子麵 五目烏龍麵 豆皮蕎麥麵
	味噌	味噌拉麵	味噌拉麵	味噌拉麵	味噌鍋燒烏龍麵		味噌拉麵	味噌拉麵		味噌棊子麵
	鹽味	豚骨拉麵	豚骨拉麵			強棒麵 豚骨拉麵 海鮮拉麵	豚骨拉麵			
	咖哩	咖哩拉麵			咖哩烏龍麵		咖哩拉麵		咖哩烏龍麵	
其他麵類	醬油	冷拉麵	冷拉麵 沾麵	冷拉麵		蕎麥冷麵	冷拉麵	冷拉麵	炒烏龍麵	
	醬汁	炒麵					炒麵	炒麵		
	咖哩	炒麵 調味炒麵								

表 2：速食泡麵的分類
資料出處：《麵》日本速食食品工業協會

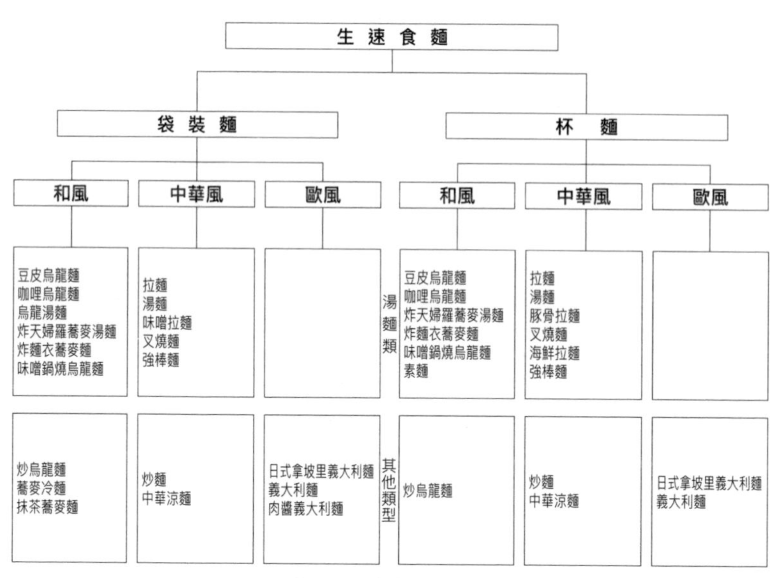

表 3：生速食麵的種類
資料出處：《麵》日本速食食品工業協會

不過，泡麵的日後發展並非一帆風順，到了昭和五十年代中期，業者已經用盡所有的創意與技術累積，速食泡麵市場又陷入停滯的狀態。然而「生速食麵」的現身，讓市場再次恢復活力。為了提高生麵的保存性，業者運用了有機酸加工技術。為了提升生麵的風味，日清做了諸多研究，在一九九二年（平成四年）研發了「日清拉麵王」（日清ラ王）。根據《新速食麵入門》（新即席めん入門，日本食糧新聞社）的記載：「麵條具有三層結構，內層與外層的質地不同，不僅具有嚼勁，還有滑順口感與黏性，而且麵條煮好後，在長時間內依舊能維持剛煮好的口感。烏龍麵、蕎麥麵、義大利麵也運用了此技術，生速食麵的市場規模也因此擴大。」因此，業者逐一突破技術上的高牆，讓泡麵的品質更上一層樓，也印證了「發明為需求之母」這句話。

泡麵的活躍發展，帶動了各地的拉麵熱潮，在地拉麵與獨創拉麵的勃發可謂盛況空前。安藤的信念為：拉麵不僅是拉麵，而是透過新型態的食品（泡麵），讓拉麵從和食化的國民食物，躍升為世界級的拉麵與國際化食物。

孕育於筷子飲食文化圈的麵食

話說回來，在日本誕生的拉麵，是如何普及於世界各地，被外國人所接納呢？由於世界各地有為數眾多的民族性食物，當地人往往會排斥來自異國的食物。尤其是麵食，麵食為孕育於筷子飲食文化圈的食物，但歐美人會習慣拿著筷子吃麵碗裡頭的拉麵嗎？人們心中開始浮現各種疑問。接下來的內容較長，要一邊展望世界的麵食文化，並進行各種與麵食相關的考察。

首先，是世界不同人種的飲食方式。假設世界總人口數約為六十億人，可依照地球上的民族在飲食時所使用的餐具，分為三大文化圈。①以東南亞、大洋洲、西亞、印度、非洲、中南美洲為中心的手食文化圈。②以中國、朝鮮半島、日本、台灣、越南為中心的筷食文化圈。③以歐洲、北美洲、南美洲、俄羅斯為中心的叉食文化圈。手食文化圈的比例約有二十四億人（40％）、筷食文化圈約有十八億人（30％）、叉食文化圈約為十八億人（30％），現今在世界上占最多比例的為手食民族，其中筷食是從中國文明的火食（因火烤的食物太燙無法用手拿）衍生而成的文化。在中國及朝鮮半島，人們用餐時會使用成套的筷子與湯匙；日本人大多只用筷子。在拌勻、夾取、傳遞食物時，筷子都是相當便利的餐具。因此，使用雙手或叉子並不適合吃細長狀的麵條，筷子才是最合適的工具。

原本起源於中國的麵食，是以筷食為中心，在日積月累下演進與集大成，傳入日本。回顧本書之前的內容，第一章的主題為中國的麵食發展，第二章為中國的麵食傳入日本後，發展成日本獨自的和食麵食文化。不過，麵食文化是如何在其他國家形成呢？

先從結論來說，在兩百多年以前，地球上的麵食文化圈僅分布於某些地區。根據《飲食文化地理 舌尖田野調查》（食の文化地理 舌のフィールドワーク，朝日新聞社）的記載：「以傳統麵食為主食的地區，僅限於以中國為中心的東亞、義大利，以及中東至北非的伊斯蘭文化圈。究竟是這三個地區的人們各自發明麵食的製作方式，或是從單一起源地將麵食傳播到其他地區？至今依舊缺乏具有可信度的文獻證據。」接下來將詳細說明朝鮮半島、東南亞、中亞地區的麵食歷史與發展。

朝鮮半島的麵食文化

在朝鮮半島，形成有別於中國或日本的獨立麵食文化。人們順應土產土法（將當地生產的食材，以當地流傳的特有調理方法或吃法進行加工）的方式，藉由易於取得的材料逐步發展麵食。越往朝鮮半島北方，小麥的栽種面積越少，而且長年來，麵粉被視為是稀有的食材。到了十八世紀，朝鮮半島的小麥栽種更為普及，在二十世紀後半，小麥進口量也增多。

從原料的供給面來看，麵食一開始的主原料為蕎麥粉，之後為了方便延展麵團，開始混入綠豆粉或小麥麵粉等材料。十八世紀以後，人們製作麵食時開始使用馬鈴薯粉。根據《朝鮮料理全集 飯與麵食》（柴田書店）的記載，比起栽種稻米，朝鮮半島的氣候風土更適合栽種雜糧，用雜糧粉製成的麵食更易於入口。此外，製麵業的發展與佛教寺院有很大的關係，在高麗時代的十世紀開始，進入佛教的全盛時期，為了在眾多信徒聚會的場合提供充足的麵食，寺方發明出能大量生產麵條的製麵機。

韓國人常說：「麵是另一個胃」，麵食是他們經常吃的食物，即使吃飽飯後，也會繼續吃麵。如果有人問說：「何時要請我們吃麵（국수，guk su）呢？」代表「何時要娶老婆」的意思。韓國人會催促尚未結婚的單身者，要他們趕快結婚並請吃麵，細長的麵條被視為長壽的象徵。麵食種類繁多，是生日、婚禮、宴客、還曆（花甲子之年、

六十歲）等重要場合所不可或缺的食物，因此韓國人都會期待在婚禮中吃到麵食。

在朝鮮半島，人們會以兩種詞彙來傳達麵條之意，包含「麵」（면，myeon）與「掬水」（국수，guk su）。根據《文化麵類學之始》（文化麺類学ことはじめ，foodium communication）的記載：

> 면源自於中文的「麵」，국수則是朝鮮語中的固有說法，通常會寫為漢字「掬水」。在水裡煮好的麵條用冷水沖過後，會從冷水中將麵條撈起，因而使用掬水這個詞。雖然依照麵食種類有所區分，但無論是면或국수，皆可當作麵條的同義詞。

據說從十九世紀末期開始，人們逐漸使用국수這個詞，但從李朝時代的文獻中幾乎沒有見到有關於국수的記述。這也許跟中國風的韓國刀削麵（칼국수，Kal guk su）成為朝鮮半島的擠壓麵（漏麵）之變遷有所淵源。

朝鮮半島的製麵方法

朝鮮半島具有獨特的製麵方法，依據製麵方法分為①擠壓麵、②手打麵兩種。擠壓麵中的冷麵，始祖為出現於《齊民要術》的粉餅。將綠豆粉與肉汁混合揉捏成麵團，把牛角加工成湯匙般的外形，挖出六到七個孔洞，透過孔洞將麵糰擠壓到熱水中煮熟，屬於擠壓的麵食形式。到了現代，依舊可見在沸騰的大鍋上面擺放壓麵器，一邊擠壓麵團一邊水煮的製麵方式，如圖22。

冷麵的最大特徵之一，是煮好麵條後要用冷水沖洗，去除麵條表

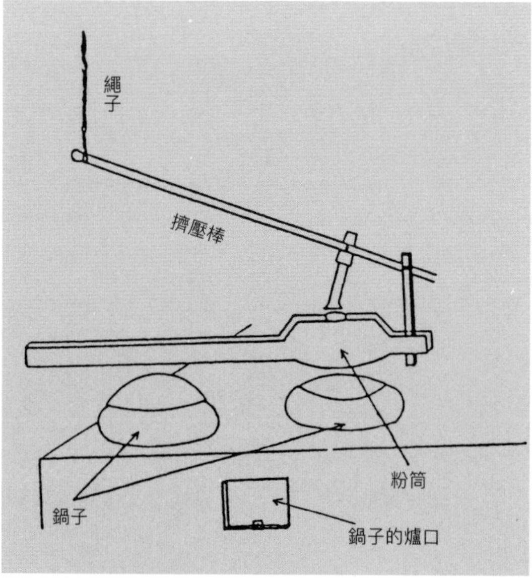

圖 22：製麵的壓麵器
資料出處：《朝鮮料理全集 飯與麵食》

面的黏稠澱粉，透過急速降溫停止麵條糊化，這樣就能煮出具有嚼勁的麵條。如果將麵條煮好直接擱置，餘溫會加速糊化，導致麵條鬆弛失去彈性，這是從李朝時代傳承至今的智慧。以蕎麥粉為主原料製成的黑色平壤冷麵，是知名的冷麵之一。

附帶一提，日本的盛岡也有冷麵。盛岡冷麵是由出生在平壤的日本人所發明，到了昭和四十年代廣受好評，逐漸普及，是在以牛肉為基底的清澈冷湯頭中，加入了水煮蛋、泡菜，以及具有彈性的麵條。在台灣，有以稻米為主要材料，將米磨成粉製作而成的米粉；義大利則是生產種類眾多的義大利麵，這些都是以壓麵器製成的麵條。

簡單歸納朝鮮半島製麵技術的特徵，由於小麥麵粉是稀有的食材，所以盛行以蕎麥粉、玉米粉、生黃豆粉、馬鈴薯粉、綠豆粉等雜糧粉來製麵，因此麵條無法形成完整的麩質，就難以採用手拉麵的方式製麵，使得擠壓器製麵的方式盛行。另外，由於將穀粉糊化以揉捏成團的技術更為成熟，才讓韓國人發明許多具有獨特嚼勁的麵食。

朝鮮半島的麵食吃法

手打製的韓國刀削麵，屬於以菜刀切割的麵粉製切麵。韓國刀削麵跟日本切麵相同，但並沒有一邊沾取醬汁一邊食用的習慣，依照吃法可分為：①冷麵、②溫麵、③拌麵。在天寒地凍的氣候條件下，韓國人也會吃冷麵，《韓國料理文化史》（平凡社）寫道：

在零下低溫的環境中吃冷麵，別有一番滋味，稱為「以冷治冷」，也就是吃冷的食物來忍受寒冬。在大風雪的天氣裡，利用溫突（朝鮮半島傳統的地熱房屋建築設施）讓身體保持溫暖，並品嚐讓牙齒發麻的冷麵，雖然身體的五臟六腑宛如寒冷的冰箱，但腹部卻吹著煦煦的春風。到了現代，韓國人通常在夏天才會吃冷麵。

暖呼呼的溫麵最適合用來消除夏天的暑氣，吃一碗剛煮好的溫麵，以度過炎夏。

拌麵（韓國拌冷麵）的材料包括牛肉、豬肉、生魚片、雞蛋、豆芽菜、梨子、栗子、松果、小黃瓜、番茄、蘋果、西瓜、蔥花、大蒜、辣椒、泡菜、芝麻、香油、苦椒醬（味噌辣椒醬，又稱韓國辣醬）、醬油、醋、砂糖、食鹽等，種類琳瑯滿目，還要淋上用調味料混合而成的醬汁。以馬鈴薯粉為主原料的白色咸興冷麵，是知名的韓國麵食，也受到日本人的喜愛。由於手延麵技術並沒有傳入朝鮮半島，所以近年來韓國人從日本引進製麵技術，還製作出符合日本人口味的手延麵。

韓國人麵食的調味方式相當獨特，更區分為醬油味、肉味、芝麻味、黃豆味等口味的醬汁。朝鮮半島的午餐，韓文稱為점심（jeom sim，漢字是點心），是輕食的意思，大多食用麵食或饅頭，另外也稱為면상（myun sang，漢字是麵床），為午餐之意。還有，朝鮮半島的饅頭不一定是圓形的，內餡包有肉類、魚類、蔬菜等，並以水煮或清蒸的方式烹調，類似中國的水餃。用蕎麥粉或小麥麵粉揉成麵團後擀平的食物，稱為편（pyeon，漢字為片），含有湯汁的韓國餃子為편수（pyeon su，漢字是片水）。小型的饅頭為당고（dan ja，漢字是團子），大型饅頭為상화（san hwa，漢字是霜花）。

東南亞的麵食

接著要介紹東南亞的麵食。東南亞的麵食是由華僑傳入，在無法栽種小麥的泰國，當地人喜歡吃米製的麵食，其他亞洲地區則盛行湯麵。由於湯麵的湯頭燙口，所以必須使用筷子食用。

但如同前述，東南亞的麵食文化並沒有悠久的歷史，是十九世紀移居東南亞的華僑，傳入切麵與擠壓麵的製麵技術後，麵食才急速傳播至各地。雖然同為華僑，卻因為潮州、福建、廣東等出身地，麵食的特徵各有不同。例如，沖繩麵源自福建、泰國與越南麵食源自潮州，馬來西亞與新加坡麵食則是受到福建與廣東的影響。

東南亞麵食的吃法

今天的泰國人特別喜愛麵食，包括米粉、冬粉、小麥粉麵條等，他們會以煮、炒、炸、淋湯、乾拌等方式烹調，並加入各式各樣的配料。泰國人經常吃以米粉製成的船麵（kuaitiao），另外還有泰式拉麵（ba-mii，麵粉切麵）、泰式冬粉（woonsen，生冬粉）、泰式米線（khanom chin，擠壓麵）、泰式米粉（senmi，細麵）等種類豐富的湯麵。泰國的乾麵稱為 haeng，衍生出乾拉麵（bamii haeng）、乾米粉（senmi haeng）等名稱。此外，也有將泰式米粉油炸製成的泰式脆麵（mi krop），類似日本炒麵的泰式燴麵（kuaitiao ratna）等。只要習慣了獨特的魚露湯頭與香菜的味道，相信就會愛上泰國麵食。

此外，日文的めん（men）源自中文的「麵」（麵粉之意），在朝鮮半島稱為면（miyon），日文漢字為「麺」。東南亞的麵稱為 mi 或 mii，例如泰式拉麵（bamii）、印尼炒麵（mi goreng）、印尼雞肉拌麵（mi ayam）、菲律賓湯麵（mami）等，馬來西亞的檳城叻沙（penang laksa）則受到娘惹料理所影響。娘惹料理是在中國料理中融入馬來西亞、印尼、泰國料理的風味；在擠壓製成的米麵中加入竹莢魚、鯖魚、沙丁魚、蝦子、辣椒、酸豆製成的湯汁，再放入魚類、蝦仁、香菜等配料，辣椒的辣味、酸豆的酸味、魚露的鮮味融合在一起，產生讓人感到不可思議的風味。咖哩麵（curry mee）的做法類似叻沙，會加入椰奶取代酸豆。越南河粉（pho）是越南版的烏龍麵；春捲則稱為cha gio，做法是將豬肉、雞肉、香菇、木耳、洋蔥、胡蘿蔔、大蒜等食材拌勻再用外皮包住餡料，放入油鍋油炸，春捲皮的材料為米粉，是米紙的形式，在日本的愛好者日漸增多。柬埔寨則有高棉米粉（num banhchok），以及緬甸的魚湯麵（mohinga）。

中亞的麵食

拉條子（laghman）是中亞的知名麵食，是以麵粉製作的代表性手延麵，據說最早是從中國傳入。《文化麵類學之始》記載了中亞地區的麵食習慣：「從中亞到西亞，越靠近中近東的地區，日常生活中食用麵食的比重越低，到了裏海東岸，食用麵食的習慣已經消失。」令人不可思議的是，在印度，也沒有食用麵食的習慣。

根據《中國食文化事典》（角川書店）的記載：「拉麵的製作分為，使用壓麵機以順時針方向延展麵條的製麵方式，以及用雙手將麵條從一條拉成兩條、兩條拉成四條的倍數拉製法，這兩種製麵法傳入維吾爾族，代表漢族的拉麵文化便往西擴散。拉麵隨著筷食文化從中國本土西進，但西進的範圍應該沒有跨過帕米爾高原。此外，手撕式的『水團』是維吾爾家庭經常吃的食物。」至於蒙古民族中，達斡爾族則經常食用加入牛奶或羊奶揉成的麵團，製成的麵食。

中亞麵食的吃法

據傳使用麵粉製成的拉條子，屬於維吾爾族的手延麵。製作方式是將食鹽與雞蛋加入麵粉中混合，揉成繩狀的麵團，經過醒麵的過程，再用手沾油的方式延展而成。將延展過的麵團切成細的烏龍麵形狀，經水煮過後麵條彈性極佳，中國宋代的索麵或日本的手延麵都是類似的製作方式。一般會使用含有牛肉、羊肉、番茄、蔥、大蒜、辣椒、優格和香菜製成的湯頭做成湯麵，或是以火快炒的方式製成炒麵。這些麵食的原料為麵粉、蕎麥粉、米粉、黃豆粉、澱粉等。由於蒙古至西藏地區有許多藏傳佛教徒，也許是喇嘛透過聖地巡禮將這些麵食流傳出去。據傳在中國的明朝至清朝時期，麵食開始在蒙古普及，在蒙古 guriltai 是使用麵粉製成的料理總稱（guriltai shul 則是湯麵），也有用機器製成的乾麵，還有以莜麥製成的莜麵。

從國民食物發展為國際化食物

感覺繞了一段很長的路，介紹各地的麵食。由於麵食是筷食文化圈特有的食物，各種民族有不同的做法與吃法，所以上述的內容都是為了探索這些麵食而做的說明。但為何這些地區會接受日本的拉麵呢？叉食文化圈的民族，為何對於拉麵感興趣？在尚未解決以上疑問的情況下，接下來要再次回到泡麵的話題。

首先，跟和食化的拉麵相同，整理出泡麵在日本國內會成為國民美食的因素，可列出以下五大特點：①美味、②保存期限長、③便利、④便宜、⑤衛生與品質令人信賴；這五大特點也是安藤在發明泡麵時的重要理念。當泡麵擄獲日本人的心，泡麵成功開拓並取得與過往拉麵不同的全新市場。然而，安藤發明泡麵的契機，仍是源自於戰後撤回日本之人士所開設的拉麵路邊攤，但如果僅模仿拉麵的做法，並推出速食的拉麵，安藤當初便無法實現夢幻般的發明。

安藤的確讓拉麵不只是拉麵，並對於新型態食品的研發，持續投入心血與努力。以下再次節錄《逃出困境：在劇變的時代中求生》中，安藤說過的幾句名言：

①訂出明確的目標後，就要貫徹堅持，堅持會讓人誕生靈機一動的想法。②逐一嘗試後捨棄掉瑕疵的部分，研發就是永無止盡地追求完美的作業。③速食食品並非現代的發明，有許多傳統食物具備優異的速食便利性，基本做法是從這些食品中誕生出全新的食品。④著手去做他人沒在做的事情，就會有所收穫。所謂的工作，就是實現看似無法實現的事情。

從安藤的名言中可見他成功讓泡麵變成國民美食的關鍵字，以及不隨意模仿他人，並回歸原點，埋首於研發過程的姿態。然而，要讓泡麵世界各地加以普及，首先要根據氣候風土、民族、宗教、歷史、飲食習慣、文化等顯著差異中，考量各種複雜的因素，在探索技術上具有極高的難度。

例如，如同前述，在手食或叉食的飲食文化圈中，欠缺全盤接受麵食的條件。在隸屬叉食文化圈的歐美國家，沒有吃麵食的習慣；歐美人不會用筷子，不會使用麵碗，也不像日本隨處可見拉麵路邊攤。此外，這些地區已經有長年來固有的傳統食物或民族食物，要打破固有飲食文化的高牆，是接近不可能的難事。

面對這些難題，安藤認為：「味道不分國界，但如果不了解風土與文化的差異性，便難以跨越國界，要努力融合新食物與當地傳統的味道。」安藤不斷地貫徹自身的信念。的確，像是可樂或泡麵，都是在戰後普及於世界各地的具體飲食文化例子，但這些只是少數的成功例子，更何況是日本人所發明的食物，要融入世界的飲食文化圈，並沒有任何前例，只能停在夢想的階段。

那麼，為何安藤能成功將泡麵推廣至世界？雖然是結果論，但筆者盡可能列出腦中所想到的特點。第一是之前提到的，在一九六六年（昭和四十一年），安藤前往美國進行市場調查時，幸運地見到讓他靈機一動的情景，在沒有使用筷子的飲食文化圈，也可以用叉子來吃杯麵。第二，泡麵杯子是商品的包裝材，也是烹調器具，還可以當作餐具。只要倒入熱水，無論何時何地或任何人，在三分鐘後就能吃到熱騰騰的泡麵。

還有其他幾個能打入海外市場的技術性因素，大家可以一同回想，當中國的麵食傳入日本時，日本人是如何接納中國麵食並加以融合呢？筆者將製麵技術分為「做法」與「吃法」，日本人吸收來自中國的手延、手打、機器打麵的製麵技術，並加以融合。但是，日本人把中國麵食較為油膩的調味，換成以醬油為主體的清淡口味，創造出日本獨自的素麵、烏龍麵、蕎麥麵，這點在和食拉麵也相同。

分析泡麵進軍國外的情況，只有將中國及日本這個環境、立場改變，其他的手法完全相同。換言之，沖泡三分鐘即可食用的麵食做法能傳播到國外，但各民族可以自由採取各自獨立的吃法。以拘謹的角度來說，這些國家雖然引進了異國的全新飲食型態，但依舊堅守傳統的民族飲食文化。例如，日本政府在明治維新後宣布解禁肉食，雖然從國外引進新型態的肉食，日本人還是堅持使用味噌或醬油等和風調味方式，創作出豬肉鍋、壽喜燒，以及適合配飯的單品西餐料理。另外，泡麵成功發展的另一個理由，是採用雞骨製成的濃縮湯頭。安藤語錄寫道：「雞骨湯頭為料理的基本。」這是讓泡麵成為國際化食物的關鍵字。他就曾說過：

如果使用帶骨的上等雞肉，就能熬出美味的湯頭。仔細想想，不分西洋或東洋，自古以來雞骨湯頭就是料理的基本。現在回想起來，我當時選擇了雞骨來製作濃縮高湯，非常合乎道理。

有關於安藤百福研泡麵的湯頭，還有一段有趣的小故事。由於二戰結束後日本物資短缺，日本人都會宰殺養在庭院的雞隻，以填飽肚子。某一天，安藤夫人在下廚時，原本奄奄一息的雞突然醒過來還四處暴衝，嚇到安藤的年幼兒子，害他從此不敢吃平常愛吃的雞肉咖哩飯。但是，某天當安藤夫人端出使用雞骨湯頭製成的拉麵，看到兒子津津有味地吃著拉麵時，這讓安藤深信雞骨湯頭是泡麵的唯一選擇。

再講個題外話，雞骨湯頭含有硫酸軟骨素成分，具有防止老化與活化細胞的效果。不過，從雞汁拉麵變成杯麵後，湯頭的基本味道也從雞肉變成豬肉。由於醬油是健康的世界性調味料，海外的需求大增，更幸運的是，安藤在一九七〇年（昭和四十五年）認識了鈴木三郎助這位大企業家，讓他順利在美國設立日清分公司，奠定泡麵進入海外市場的基礎。《拉麵三昧》（ラーメン三昧，雄雞社）便記載：

泡麵會受到眾多國家所接納，主因並不是受到日本口味所影響，而是僅透過製造技術等方法論的「輸出」或「技術轉移」，再依據當地傳統食物的風味與喜好來做調整。亞洲有許多國家都有獨自的「拉麵」，這些國家都是利用日本的泡麵技術，重現傳統的風味。

作為國際化食物的民族接受度

那麼，世界各地的民族是如何接受泡麵呢？

泡麵在中國被稱為「方便面」，也就是能立刻吃到的速食麵之意，這是日本把製麵技術「逆輸入」到麵食起源國的例子。在中國悠久的麵食歷史中，並不存在像日本拉麵的麵食；在中國，所謂的拉麵，指的是日本的泡麵。

韓國也沒有像日本拉麵的麵食，但韓國人的飲食習慣是一邊大口吸著麵條，一邊吃泡菜與白飯。當泡麵從日本傳入韓國後，便將其稱為라면（ra myeon）。泡麵是如何進入韓國人的飲食生活呢？提到韓國平民日常生活中的簡易飲食，主要為白飯、泡飯、韓式泡菜鍋；煮到咕嚕咕嚕的滾燙泡菜鍋，看起來很像是添加豐富配料的辣版味噌湯。將泡菜鍋變成速食麵食後，泡麵便開始普及，以日本的表現方式來說，形成韓國版拉麵配飯的飲食型態。味噌口味加上油炸麵條的「泡菜拉麵」與「苦椒醬拉麵」口味最受歡迎，苦椒醬是韓國傳統的味噌辣醬。把白飯加進湯裡是韓國人特有的飲食習慣，將白飯搭配辣味十足的泡麵，韓國人通常一吃就上癮。

泡麵在台灣、香港、泰國也廣受歡迎，包含雞汁泡麵、附有真空調理包的高價泡麵、素食泡麵、米粉或冬粉泡麵等，種類繁多。近年來，有許多頂級飯店甚至會在客房內提供該國風味的泡麵。

泡麵的功績

參考一九九九年（平成十一年）日本速食食品工業協會的資料，全球速食麵食市場的總需求量，整年達到四百三十七億份的龐大數字，其中日本便占了五十四億份。列出前五大消費量的其他國家，中國為一百四十八億份、印尼為八十四億份、韓國為三十八億份、美國為二十七億份、菲律賓為十六億份，大約有四十個國家有泡麵的消費習慣。由此可見，誕生於日本的泡麵，成為世界麵食的霸主。圖23為世界各地的泡麵消費量（平成十二年）。安藤百福曾說：「異國文化是如何獲當地人所接受，經歷變遷後再次傳播，『拉麵』不正是相當罕見的例子嗎？」

圖 23：世界各地的泡麵消費量（平成十二年）
資料出處：日清食品提供

雖然只是筆者的主張，即使是不同的民族，飲食的基本思想是相同的。泡麵是含有大量配料的湯麵，如同筆者之前所提到，世界各國接受了將麵食改造為速食麵的技術，但依舊堅守傳統民族的風味與吃法。此外，有許多亞洲國家，也有可能會將傳統的湯麵改良為速食麵，因此異國的飲食文化相當容易獲得接納與融合，日本麵食文化的演進過程也毫無例外。

有關於拉麵這項發明的偉大之處，筆者還找出能讓人信服的資料，日本經濟新聞社（二〇〇〇年十二月十二日）刊登了富士綜合研究所發表的「二十世紀能向世界誇耀的日本製商品或人物」民調結果。綜合排名為①泡麵、②卡拉OK、③隨身聽、④家用遊戲機、⑤CD、⑥相機、⑦黑澤明、⑧寶可夢、⑨汽車技術、⑩壽司。針對第一名的泡麵，資料便寫道：

泡麵誕生於一九五八年，大範圍在亞洲等地普及。一九九九年，泡麵在世界的年消費量達到四百三十七億以上，是日常生活中不可或缺的食品，深受各年齡層的喜愛。

第 7 章
講究的味道，令人上癮的味道

在地特色拉麵的起源

由日本人發明的中華風和食麵食，也就是拉麵，藉由泡麵的發明，讓拉麵從國民美食發展為國際美食。從其他的食物中，找不到與拉麵類似的例子，而且還踏上世界的舞台並加以普及，這是在戰後的糧食短缺困境中，許多前人付出心血與努力所得來的成果。在本書的末章，將重回拉麵的世界，探索更多有關於拉麵的魅力、堅持的口味與讓人上癮的風味。

在之前的章節屢次提及，日本人特別喜愛麵食，在全國可吃到當地知名的素麵、烏龍麵、蕎麥麵、拉麵。不過，筆者也發現不可思議的事實，雖然有例外，但在江戶時代以前，素麵、烏龍麵、蕎麥麵並沒有如今拉麵店林立的地域性發展情況。

這是為什麼呢？其實素麵、烏龍麵、蕎麥麵，都是以土產土法的方式製作而成，選用當地生產的食材，以當地流傳的方法或合適的方法進行調理，是飲食文化的一大智慧。以素麵的產地為例，筆者在第二章介紹了手延素麵的起源，根據江戶時代前期

《毛深草》的記載，素麵的產地包括三輪、久我、岡山、松山等，日本各有十一處產地，這些產地的地形都是西高東低，主要分布於西日本一帶。這些地區能採收與製造出品質良好的蕎麥粉，而且容易取得芝麻油或棉籽油，加上冬天氣溫驟降，其地理與氣候條件適合風乾素麵。「關東蕎麥、關西烏龍」的說法，也是相同的道理。

但是，在知名拉麵的發源地，隨處可見有別於土產土法的情景，這些拉麵的發展，與當地食材或製法難易度並無太大關聯。例如，拉麵起源於開港一帶的華僑居留地，中國廚師大為活躍，以及從中國撤回日本的人士，開創了拉麵發展之路，在這些地區幾乎沒有知名的烏龍麵或蕎麥麵。這些地區的共通特徵，是許多具有旺盛研究與挑戰精神的廚師，且逐一登場，還可見他們一心一意持續研發拉麵的姿態。此舉，讓日本各地誕生出在地知名拉麵，後人繼承了製作拉麵的技術，這當中九州拉麵就是最佳的例子，以下將論述有關於九州拉麵的故事。

講究的九州拉麵

九州拉麵，深受中國廣東省與福建省的麵食所影響。例如九州人喜歡用豬骨熬製拉麵湯頭，比較少使用雞骨，麵條也偏硬，《九州拉麵物語》（九州拉麵研究會）就詳細記載了九州拉麵誕生的背景，根據書中記載，久留米市是九州拉麵的起源地。在爆發中日戰爭的一九三七年（昭和十二年），出生於島原的宮本時男，在久留米車站前開設路邊攤，是「南京千兩」拉麵店的前身。宮本對於橫濱中華街廣受好評的「支那蕎麥」感到興趣，曾學習如何製作廣東風味的麵食。九州拉麵的湯頭雖然以豬骨為主，但湯頭清澈，不會呈現混濁的白色。

到了第二次世界大戰結束的隔年，也就是一九四六年（昭和二十一年），烏龍麵路邊攤開始在博多車站周邊現身。原本販售烏龍麵的津田茂，研發出使用混濁豬骨湯頭製成的「中華麵」，試著重現他，曾在中國北方吃過每碗十錢的支那蕎麥風味。這碗中國風味的麵食逐漸受到博多人的喜愛，加上店門口懸掛紅色商號暖簾，客人便將店名取為「紅暖簾」。從遠處觀察，紅色始終是相當顯眼的顏色。說到紅色，明治初年的牛鍋屋，也會懸掛白底紅字的旗幟，上面寫有「御養生牛肉」。

由此可見，九州拉麵的源頭分為清澈湯頭與混濁湯頭兩種類型，各自發展。另一個契機，是在一九五五年（昭和三十年），隨著魚市場從博多搬遷到長濱後，誕生了「長濱拉麵」。為了迎合往來魚市場十分忙碌的中盤商喜好，拉麵店老闆使用容易煮熟的細麵，並提供名為「替玉」的續麵服務。

記得筆者一開始踏進九州拉麵店，看到混濁且漂浮油脂的湯頭，加上獨特的豬肉腥味，感到退避三舍。但是，伴隨著恐懼吃了幾次後，九州豚骨拉麵的風味令我上癮，只要看到拉麵店的暖簾便不由得停下腳步，是相當誘人且不可思議的味道。經過長時間熬煮去除豬骨的血水，並添加薑片等辛香料後，正好減緩了九州拉麵令人畏懼的獨特味道。由於豬骨骨髓含有的膠原蛋白乳化了，湯頭才會產生混濁的顏色。此外，《九州拉麵物語》追尋九州拉麵根源的內容，可說是漸入佳境，書中寫道：

昭和二十二年，大約比博多的「紅暖簾」晚了一年，在久留米市也誕生了混濁的豬骨湯頭。製作者是杉野勝見，他是在失敗中偶然誕生了豬骨湯頭。

杉野的大舅為烏龍麵和蕎麥麵師傅，因日本政府在戰後放寬對於麵粉的管制，杉野便開設了中華麵路邊攤「三九」。某天他在熬煮湯頭時，因為煮過頭了導致湯頭變得混濁，但湯頭散發出濃郁的味道，令他大為驚豔。在昭和三十年時期，「中華麵中心」於久留米市成立，成為九州拉麵的發源地。歷經時代的變遷，「熊本拉麵」也隨之誕生。根據《特愛拉麵》（ラーメン大好き，冬樹社）的記載：

九州拉麵混濁湯頭的製法，從久留米市傳至玉名市，再傳至熊本市。昭和二十八年，熊本的白川引發大水災，當時玉名市車站前的拉麵店開始受到好評，仿效玉名市拉麵店做法的「小紫」也於熊本開張營業。

一九六八年（昭和四十三年）販售熊本拉麵的「桂花」進軍東京，以混濁且濃郁的湯頭搭配蒜片引發話題。然而，提到九州拉麵，當然不能忽略號稱拉麵王國的鹿兒島。

道岡綱是橫濱同愛醫院的護理師，她曾經不分晝夜細心照顧住院的中國廚師，中國廚師被道岡的用心所感動，於是傳授了麵食的製作方式給道岡當作回禮。道岡在一九四七年（昭和二十二年）回到鹿兒島後，馬上開了一間中華麵店「昇屋」，她製作的粗麵沒有使用鹼水，而是如同烏龍麵的白色手打麵，搭配具有層次、口味清爽的湯頭，受到客人喜愛。隨麵食附贈的醃蘿蔔小菜，也是道岡的創意構想，是充滿女性風格的日式做法。道岡綱被譽為「日本拉麵之母」，鹿兒島拉麵的發展歷程，簡直令人大為驚奇。根據《九州拉麵物語》的記載：

由於鹿兒島人平常有吃豬肉的飲食習慣，當拉麵在戰後登場，可想而知拉麵在鹿兒島受歡迎的程度，比其他地區來得高。此外，鹿兒島是生產黑豬肉的中心，鹿兒島黑毛豬是豬肉界的高級品。在其他地區，找不到像鹿兒島這樣得天獨厚的環境。

混濁且濃郁的湯頭，在鹿兒島並沒有花上太多時間，便成為令人上癮的味道。

像這樣，雖然單純名為九州拉麵，但發展歷程可說是天壤之別，包含宮崎拉麵、大牟田拉麵、佐賀拉麵、長崎拉麵等，都有一定的關聯性，並發展出各自的特色。知名店家與拉麵大師為數眾多，也是九州拉麵的特徵。一九六〇年（昭和三十五年）九州還出現附帶湯包的獨特棒狀拉麵。由於有關於九州拉麵的登場人物太多，礙於篇幅無法一一介紹，建議有興趣的讀者可以翻閱《九州拉麵物語》。

即使如此，從飲食文化史的角度，該如何解釋日本北部的北海道與南部的九州，兩大拉麵王國同時繁榮發展的事實呢？撇開艱澀的分析。在第二次世界大戰後，中國北方與南方的麵食傳入日本，在長年忍受饑荒之苦的日本平民飲食生活中，拉麵成為平民填飽肚子的選擇，因而造就拉麵的熱潮。之前屢次提及，在糧食匱乏的年代，以豬骨長時間熬煮而成的湯頭，對於營養失調的平民來說，這是讓他們能充分攝取營養的救世主。

在地特色拉麵總覽

那麼，日本全國究竟有多少家拉麵店呢？據說有三萬五千家店。但如果不是拉麵專賣店，很多餐飲店也有販售中華麵或拉麵，加上這些店家的話，總數大約超過二十萬家店。《拉麵王國漫步》（ラーメン王国の歩き方，光文社）的作者，曾擔任新橫濱拉麵博物館公關的武內伸，從十七歲開始，在二十二年間吃遍兩千五百間拉麵店，總共吃了四千五百碗拉麵。簡單計算的話，他平均兩天吃一碗拉麵，而且二十二年來沒有休息。武內也曾參加電視節目《電視冠軍》（ラーメン・チャンピオン）的拉麵王比賽，是一位的拉麵高手。《拉麵王國漫步》記載了武內走訪各地拉麵店的豐富資訊，從北到南依序為旭川拉麵、札幌拉麵、函館拉麵、米澤拉麵、喜多方拉麵、白河拉麵、飛驒高山拉麵、佐野拉麵、東京拉麵、橫濱拉麵、京都拉麵、和歌山拉麵、尾道拉麵、廣島拉麵、德島拉麵、博多拉麵、久留米拉麵、熊本拉麵、鹿兒島拉麵。如圖24，宛如日本全國拉麵大遊行，盛況空前。

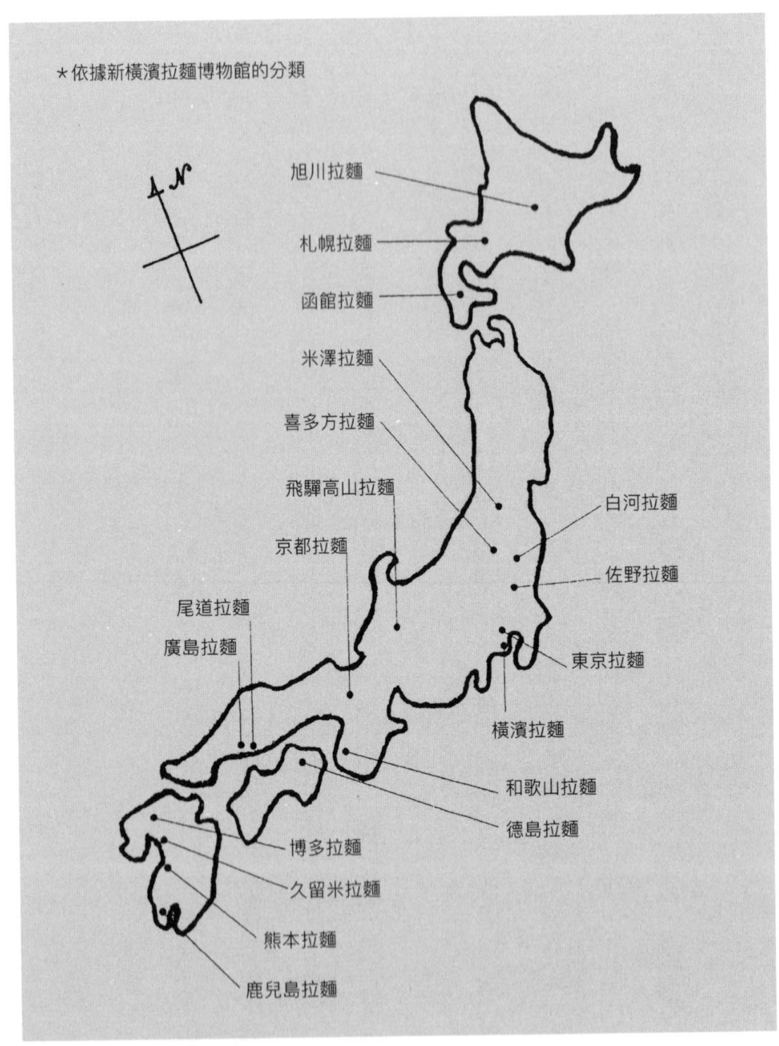

圖 24：日本全國在地拉麵
資料出處：《拉麵王國漫步》（光文社）

表 4：日本在地拉麵一覽

在地拉麵名稱	拉麵特徵
札幌拉麵	豬骨、雞骨、柴魚片、小魚乾、蔥、胡蘿蔔、薑、大蒜、洋蔥、蘋果、醬油味、味噌味、鹽味、極粗麵條、叉燒、筍乾、鳴門卷魚板、魚板、豆芽菜、洋蔥、蔥、海苔、水煮蛋、奶油、海螺、扇貝
函館拉麵	豬骨、豬腿骨、雞骨、洋蔥、薑、胡蘿蔔、昆布、豬油、透明鹽味湯頭、較軟的麵條、叉燒、筍乾、蔥、海鮮
旭川拉麵	豬骨、雞骨、柴魚片、小魚乾、昆布、洋蔥、胡蘿蔔、濃郁醬油味、獨特的波浪麵條、嚼勁十足、叉燒、筍乾、蔥
喜多方拉麵（人口四萬多人的人口，拉麵店超過八十間）	豬骨、小魚乾、和風高湯、清爽風味、味噌味、醬油味、粗麵條、叉燒、筍乾、鳴門卷魚板、蔥
佐野拉麵	小麥產地、盛產名水、添加柴魚片的醬油味、以青竹打麵製成的嚼勁粗麵條、叉燒、鳴門卷魚板、筍乾
東京拉麵	豬骨、雞骨、豬腳、鹿肉、小魚乾、昆布、柴魚片、魷魚乾、蔥、洋蔥、胡蘿蔔、薑、蒜頭、清爽醬油味、波浪麵條、叉燒、筍乾、鳴門卷魚板、竹輪、菠菜、海苔、水煮蛋
橫濱拉麵	豬骨、雞骨、小魚乾、蔥、洋蔥、薑、昆布、鹽味（柳麵）、醬油味、清澈爽口的湯頭、波浪麵條、細麵、叉燒、筍乾、菠菜、海苔、橫濱獨特的生馬麵
飛驒高山拉麵	柴魚高湯、清澈爽口的醬油味、細波浪麵條、叉燒、筍乾、蔥
京都拉麵	豬骨、雞骨、牛腱、豬油、濃郁爽口風味、極細麵、叉燒、筍乾、豆芽菜、蔥
大阪拉麵	雞骨、清淡醬油味、鹽味、細麵～粗麵（也許是受到烏龍麵的影響）、叉燒、豆芽菜、蔥
尾道拉麵	豬絞肉、近海小魚、濃醬油味、中細平打麵、叉燒、筍乾、蔥
博多拉麵	豬骨、雞骨、豬油、蒜頭、檸檬、高麗菜、混濁醬油味、細硬麵、可續麵、叉燒、紅薑、博多蔥、木耳、芝麻、海苔
熊本拉麵	豬骨、雞骨、高麗菜、順口而混濁的湯頭 、硬麵、叉燒、炒蒜片、蔥、海苔、香味油
鹿兒島拉麵	豬骨、雞骨、柴魚片、昆布、香菇、魚乾、混濁湯頭、光滑麵、叉燒、蔥

成為美味拉麵店的條件

要如何從眾多的拉麵店中找到真正好吃的店家？我想這是相當困難的事情，事實上也的確如此。但是大排長龍的店家，似乎都具備幾個共通點；反之，如果沒什麼客人光顧的，還是盡量不要入內為宜。

針對拉麵愛好者經常駐足的拉麵店，可整理出以下十項共通特徵：①會使用大鍋來煮麵，家用的小鍋導熱性不足，不適合用來煮麵。②會使用撈麵網撈起煮好的麵條。③麵碗體積較小。④店家位於拉麵一級戰區。⑤店面並不大，座位最多大約十五個。⑥菜單品項簡單明瞭。⑦老闆具有個性，熱衷於研究拉麵。⑧對於叉燒有所講究。⑨當天的備料賣完後就會直接打烊。⑩僅由家族經營，或是雇用少數的工讀生。如果遇到符合以上特徵的拉麵店，千萬不可錯過。若想要吃到美味的拉麵，就要避免前往有多嘴且吵鬧的店員，或是二十四小時營業的店家。

《拉麵之書》（ラーメンの本，胡麻書房）也提到美味拉麵店的具體特徵，節錄

書中內容如下：①如果店家的菜單如同百貨美食街一般，可見日式、西式和中式麵食，通常味道都馬馬虎虎。②盡可能尋找店面小而整潔，歷史悠久的店家。③好吃的拉麵店，老闆會精明地打聽客人的口味喜好。④選擇只設有吧檯座位的店家，點餐時方便說出自己的口味需求，老闆也能直接從廚房將拉麵端上桌，讓客人與廚師之間產生交流的機會。⑤女客人較多的店家，拉麵美味又便宜。⑥女客人偏愛的店家，通常都很乾淨。⑦麵店老闆散發獨特氣質，容光煥發。只要穿過店門口的暖簾，從店內的氛圍就能察覺到這家店的拉麵應該很好吃。⑧拉麵店老闆長得一臉固執樣貌，就是對於自家拉麵口味擁有絕對自信的證據。⑨從老闆的額頭可見日積月累的歲月痕跡。⑩這痕跡是能經得起客人嚴格的批評，一路以來克服不少困難的樣貌。

筆者還聽過有人是這樣評比一間知名的拉麵店，①好吃是第一個條件。②具有深奧的味道。③價格平實。④如果開一百間店，就有一百種味道。⑤老闆大多冷淡且頑固。⑥對於味道有講究之處。只要綜合以上條件，就能自然而然地找到一間真正好吃的拉麵店。

一心一意製作拉麵的人生箴言

日本全國有數不清的拉麵料理人，費盡心思地經營在地或獨創拉麵店。《在熱氣另一端的傳說》（湯気のむこうの伝説，新宿書房）是拉麵愛好者必讀的一本書，書中從眾多拉麵料理人中精選出十位代表，向讀者介紹他們對於拉麵所投注的熱情，以及驚人的生存方式。書中節錄的諸多料理人名言，感動人心。

這些料理人的共通想法，就是要為了拉麵不顧一切，奉獻所有的人生。他們的願望就是讓客人能吃到自己努力做出的好吃拉麵，因此感到最開心的事情，就是聽到客人說出「好吃」兩個字。書中記載這些料理人夙夜匪懈，為了製作出好吃拉麵的辛苦故事：

要隨時端出一碗味道與品質穩定的拉麵，乍看容易，但其實是拉麵領域中最為困難的事情，也是所有拉麵店老闆經常有的煩惱。以本質來說，拉麵是不穩定的食物，例如在熬煮湯頭的時候，即使每天加入相同份量的食材，湯頭也不會保持相同的味道。雖然外觀相同，但是湯底的狀態有所不同。此外，湯頭經過持續加熱後，也會產生變化，一開始湯底的味道尚未入味，但若經過長時間加熱後便開始劣化。麵條也一樣，麵粉的品質不一，也會深深受到氣溫或濕度所影響。

我覺得製作拉麵是相當單純的事情，基本上只要專心熬煮出美味的豬骨湯頭就好，但正因為做法單純，要模仿反而非常困難。要二十四小時一邊熬煮豬骨湯頭，並維持最佳狀態，需要高明的控制火侯技巧。

我花了兩年的時間，才煮出一碗讓自己滿意的拉麵。總之，每天三餐都吃拉麵，試做的拉麵若不滿意就立刻重做，這樣的日子持續多年，每天還得倒掉不少湯底。

因此，知名招牌拉麵並非一朝一夕產生，但只要聽到客人說出「好吃」，不管再怎麼辛苦，料理人也會心滿意足。從書中的字裡行間，可感受到他們將人生奉獻給拉麵的偉大之處。作者垣東充生在《在熱氣另一端的傳說》的後記中，對於置身於熱氣另一端的料理人下了評語：

「如果對於拉麵有所堅持，就會產生永無止盡的堅持態度；如果對於拉麵的態度馬虎，無論大小細節都會偷工減料。」換言之，製作拉麵是大量「細微工作」的集合。（中略）「煮出一碗美味拉麵的訣竅，並不需要精湛的技術，而是對於任何細節毫不馬虎的專注態度。」實在令人敬佩。但是，美味拉麵店的老闆都會異口同聲地說：「這不是理所當然的事情嗎？」我認為這絕對不是「理所當然」的事情。因此，對於煮出美味拉麵的料理人而言，為何會將這些「艱辛的工作」視為理所當然？這是我想實地了解的地方。」

製作拉麵的本質，也適用於日常生活中的所有工作。

結語

拉麵與日本人

拉麵與日本人

筆者在本書中，以較多的篇幅介紹日本人製作拉麵的智慧。回顧拉麵的歷史，在奈良時代，自從拉麵的始祖唐菓子從中國傳入日本後，日本的麵食文化經歷一千四百年的歲月。前人學習手延、手打、機器打麵的技術後，持續製作各種手延素麵、手打烏龍麵、手打蕎麥麵、機器打麵等麵食。天武天皇頒布禁止食用肉類的「禁止殺生肉食之詔」後，長年來忌諱吃肉的日本人，以味噌或醬油做為麵食的主要調味料，建立了清淡口味的麵食文化，這是中國與日本麵食融合的和食化麵食吃法。

明治維新以後，隨著明治天皇宣布解禁肉食，日本人開始接觸長年來避諱的肉類料理，並發明出添加味噌或醬油的豬肉鍋與壽喜燒，同時引進可樂餅、炸豬排、咖哩飯等單品西洋料理，作為白飯的配菜。原本不喜歡吃豬肉的日本人，在短期間內致力於引進各類西洋料理，直到大正年間（一九一二至一九二六年）支那料理才開始在日本引發熱潮。

另一方面，日本解除長年來的鎖國政策，開放長崎、神戶、橫濱等港口，於是港口周遭地區衍生出華僑居留地。華僑在此經營路邊攤，販售手延拉麵或刀切柳麵，藉此回味家鄉的味道。在日本人之中，也有人對於中國麵食相當感興趣，並為了迎合喜好醬油口味的日本人，開始製作添加醬油調味的中華風麵食。中華麵的名稱從「南京蕎麥」演變至「支那蕎麥」，吹著嗩吶叫賣的攤車特別受到日本老百姓的喜愛。到了明治時代中期，「強棒麵」與「長崎燴麵」於長崎誕生。在明治時代末期，第一間大眾支那蕎麥屋於東京開業。大正時代中期札幌出現了「支那蕎麥」，也是最早誕生「拉麵」名稱的地區，隨著拉麵的發展，札幌被譽為「拉麵之都」，造就新一波拉麵熱潮。有趣的是，在這個時期之前的拉麵料理人，幾乎都是中國人，包括中國北方的山東省、南方的廣東省等，源自中國料理人家鄉的各類麵食陸續傳入日本。

到了昭和時代，日本經歷長達十五年的第二次世界大戰，是不幸的時代。二戰結束後雖然恢復和平，但社會卻陷入前所未見的糧食危機，營養不良的日本人遽增。當時，從中國撤退回到日本的日本人引進中國的餃子和麵食等料理，支那蕎麥改名成為

「中華蕎麥」，對於當時的日本人而言，含有豐富油脂與營養的濃郁湯頭的麵食，令人難以抗拒。從昭和二十年代中期起，「拉麵」之名開始出現在家用料理書籍中。

一九五八年（昭和三十三年），安藤百福發明了「泡麵」之後，拉麵這個名字傳遍了日本全國，還在各地快速普及。此外，安藤還發明了「杯麵」，使泡麵發展到世界各地。另一方面，日本國內的中華風麵食的和食化也逐漸有所進展，在地拉麵與獨創拉麵店林立，競爭相當激烈，甚至還出現為了吃一碗拉麵得排隊三到四小時的名店。以上是筆者快速整理出拉麵問世前，這段一千四百多年的麵食文化重點。除了拉麵的魅力與不可思議之處，本書還介紹了各種與拉麵有關的小故事。

補充本文未能完整論述之處

寫到這裡，筆者發現一些未能完整論述的地方，在本書的最後簡要說明。

首先，要正經八百地問「拉麵到底是什麼？」到目前為止，拉麵並沒有一個明確的定義或標準。根據腦中的印象來說，拉麵是由中華麵條、湯頭（正確來說為湯頭與調味醬汁）和配料所構成，屬於中華風的和食麵食。但是，這樣的定義似乎顯得曖昧不明。換言之，由於欠缺明確的定義或標準，世界上並不存在滿分的拉麵。也就是說，雖然有較為出色的拉麵，但並沒有最棒、最好的拉麵這個正確答案。因此，料理人無時不刻都在追尋最棒、最好的拉麵，並同時努力研發口味獨特的拉麵，完全沒有一絲喘息的機會。百位料理人呈現的百種味道交相競演，伴隨著客人的滿足與喜悅之情。拉麵沒有所謂的正確答案，有著充滿無窮魅力的長遠課題。

第二點，是有關於拉麵的起源。筆者在本文中介紹許多有關於拉麵起源的故事，但在我快要寫到結語的階段，再次詳讀蒐集到的家用料理書籍文獻後，發現一個驚人的事實。從昭和初期的四、年開始，到二戰結束的昭和二十二、二十三年期間，料理書籍中頻繁出現「蕎麥湯麵」、「中華湯麵」（かけ中華そば）等料理名稱或料理方法。這些麵食的湯頭為鹽味或醬油味，當中並沒有味道濃郁的豬骨或雞骨湯頭。配料方面，麵食上頭沒有任何配料，或是僅添加蔥花調味而已。如果將中華湯麵當作最接近拉麵的起源，對照札幌咖啡廳在昭和初期所販售的拉麵並造成流行的這個事實，從時間上來看並沒有矛盾之處。那麼，中華湯麵究竟為何？是隸屬於中國的平民化麵食？抑或是日本人從江戶時代的蕎麥湯麵，獲得靈感發明而成？

第三點，是江戶時代之前集大成的素麵、烏龍麵、蕎麥麵的麵食文化發展，與拉麵問世之間的關聯。筆者在第五章詳述了拉麵「吸取蕎麥麵技術」的發展過程，為了避免內容重複，以結論而言，如果日本人在江戶時代沒有建構這些麵食文化，應該也不會發明出日式的拉麵。

第四點，這也是筆者的親身體驗，在幾杯黃湯下肚後吃碗拉麵，拉麵的味道簡直無與倫比，相信各位也有類似的經驗。據說，當體內攝取適量的酒精，由於腦細胞中的糖濃度降低，腦部會傳達攝取糖分的指令。此外，有研究指出，豬骨所含有的肌苷酸，具有中和酒精的作用。對於這些生理學的論證，由於筆者不是專家，無法得知酒後吃碗拉麵後身體會產生哪些變化？但是，拉麵具有讓人想隨時吃上一碗的吸引力，這是唯一確定的事實。

第五點，除了拉麵的製作者，品嚐者對於拉麵也懷有各種情感。如果要徵求有關於拉麵的故事，應該會收到多到數不清的投稿吧！每當筆者在吃拉麵的時候，就會想起母親的身影。記得在二戰過沒多久的昭和二十年代中期，筆者還是一位國中生，在八位兄弟姊妹中排行老五，正處於發育最快的時期，由於糧食短缺，經常空腹忍著飢餓。那時在東京的兩國車站附近，開了一間很好吃的中華蕎麥屋。因為當時物資極端匱乏，對於要養育八位小孩的父母而言，要帶全家大小去吃碗拉麵是非常奢侈的事。記得某天，母親對我說：「你正在發育期，應該沒辦法忍耐飢餓吧？」於是偷偷帶我去中華蕎麥屋吃拉麵。原來世界上有如此美味的食物，直到今日，我依舊無法忘記少年時期對於拉麵留下的強烈印象。在昭和六十年代，因站前地區開發計畫，車站周遭蓋了新穎的飯店，那間中華蕎麥麵屋卻已不復存在。

二十一世紀的日本飲食

筆者撰寫本書的目的，並不是想透過拉麵這個龐大的題材，來強調自己博學多聞，或是灌輸獨到的見解。隨著近年來的資訊革命，世界邁向了能即時取得全球各地最新資訊的時代。年輕人只要利用網路搜尋功能，即可找到美味的在地拉麵。我認為，資訊的共享化是一件好事。然而，也因為全球化的影響，在飲食的領域產生一些令人感到憂心的地方。例如，隨著國外的特殊食物或飲食習慣相關資訊傳入，導致「趨之若鶩」的傾向，日本那些曾經造成排隊熱潮的椰果、比利時鬆餅、提拉米蘇等食物，至今就像是短暫性的颱風，失去了熱潮。因此，前人耗費大量時間與心血所發明的食物，更應該、值得重視與保存下來，無論是傳統食物，鄉土料理、懷念的家庭風味等，都是重要的飲食文化。

進一步地說，日本脫離戰後飢荒狀態，能在昭和三十年代實現理想的飲食生活型態，是因為關注了歐美營養學家的營養均衡飲食而來。但是，也因為引進過量的歐美飲食，導致日本人攝取過多脂肪與鹽分，成為具有慢性病風險的國家。身為現代人的我們，該如何取捨、吸收、融合這些複雜化的世界飲食文化呢？

再提到拉麵，拉麵在二十一世紀該往哪個方向發展呢？光從筆者手上的資料，並無法提供最佳的解答。如果持續堅持拉麵的味道並提升品質，成本一定會提高；如果採平價且便利的連鎖店經營模式，就不會造就排隊景象。店主對於拉麵的堅持，朝以上的兩極化發展，哪一方會占優勢呢？

無論如何，像是在地拉麵店或獨創拉麵店採用日式或西式的技術，並持續磨練技術培育日本獨有的飲食文化，筆者希望這些店家能長久延續下去。身處飽食的時代，一個被稱為想吃什麼都吃得到的時代，正因拉麵的魅力之處就在於「能與心靈相通」，所以我希望年輕世代能重視這樣的飲食文化。二十一世紀，是精神更甚於物質層面的時代，人類的價值觀將產生極大轉變。請各位仔細回想前人研發拉麵的歷程，以及現代眾多料理人的偉大氣概。

結語

即使在撰寫本書原稿的忙碌期間，筆者依舊多次造訪曾在序章介紹的「北習大勝軒」拉麵店，老闆總是能滿足客人的期待。因為隔了一段時間沒來，當我再度造訪這間拉麵店時，才察覺到這裡的客人分為兩種。有些客人吃完拉麵後會默默地離開，但跟年齡或性別沒有關係；大多數客人都會說聲「謝謝招待」，老闆立刻回應「謝謝光臨」，在彼此的應對聲音中送走客人。這對話很像是舞台名演員的台詞，老闆宏亮的聲音配合客人的低聲，是美好的瞬間互動。也許拉麵的確沒有明確的定義，但我可以自問自答地說：「這就是拉麵！」吃完拉麵，伴隨著舒適的飽足感與滿足感回家。

拉麵是極為生活化的食物，任何人都知道拉麵，也都吃過拉麵。因此，當我開始撰寫本書原稿時，反而遇到許多難題。在收集資料上，更從各單位獲得許多人的協助與建議，尤其是日清食品飲食圖書館的岩佐理加小姐，自始自終面帶微笑地提供豐富的資料。此外，我還要由衷感謝給予本書出版機會的筑摩書房新書編輯部之所有同仁，以及不斷鼓勵我的天野裕子小姐。身為饕客的我，如果能見到任何一位讀者因為看完本書，對於拉麵產生極大興趣，並且愛上拉麵，沒有比這更令人感到欣慰的事情了。對於將畢生投注在拉麵的前人而言，他們所做的努力也因此獲得最大的回報。

25 北海道新聞社編《これが札幌ラーメンだ》北海道新聞社，一九九四年
26 ラーメン伝説継承会編《ラーメン伝説、あるいはラーメンの噂》星雲社，一九九四年
27 ラーメン研究会編《ラーメン大研究》サンドケー出版，一九九四年
28 武内伸《超凄いラーメン》潮出版社，一九九六年
29 飯田橋ラーメン研究会編《日本ラーメン大全》光文社，一九九七年
30 日本食糧新聞社編《新・即席めん入門》日本セルフ・サービス協会，一九九八年
31 安藤百福監修／奥村彪生《ラーメンのルーツを探る　進化するする麵食文化》フーディアム・コミュニケーション，一九九八年
32 安達さとこ他編《ラーメン　アニマックス》アスペクト，一九九八年
33 原達郎《九州ラーメン物語》九州ラーメン研究会，一九九八年
34 武内伸《ラーメン王国の歩き方》光文社，一九九九年
35 奥山忠政《ラーメンの文化経済学》芙蓉書房出版，二〇〇〇年
36 垣東充生《湯気のむこうの伝説》新宿書房，二〇〇〇年
37 石神秀幸《21世紀ラーメン》双葉社，二〇〇〇年
38 永瀬正人編《麵料理　第2集　ラーメン特集》旭屋出版，二〇〇〇年
39 インスタントラーメン発明記念館編《インスタントラーメン発明物語》インスタントラーメン発明記念館，二〇〇〇年
40 藤井雅彥《マジうま！史上最強！ 21世紀ラーメン》ぴあ，二〇〇一年
41 柴田書店編《月刊食堂特集ラーメン戦争・勝者の条件》3月号，柴田書店，二〇〇一年

相關文獻

42 冨山房編《日本家庭大百科事彙　第三卷》冨山房，一九三〇年
43 大谷光瑞《食》大乘社東京支部，一九三一年
44 平山蘆江《東京おぼえ帳》住吉書店，一九五二年
45 長谷川伸《自伝随筆　新コ半代記》宝文館，一九五六年
46 《週刊朝日》一月一七日號，朝日新聞社，一九五四年
47 大橋鎮子編《暮らしの手帖 第32号》暮らしの手帖社，一九五五年
48 加藤秀俊《明治・大正・昭和世相史》社会思想社，一九六七年
49 植原路郎《明治語典》桃源社，一九七〇年
50 昭和女子大學食物學研究室《近代日本食物史》近代文化研究室，一九七一年

參考文獻

拉麵

1 秀平武男編《即席ラーメン》日本食糧新聞社，一九六四年
2 大門八郎《ラーメンの本》ごま書房，一九七五年
3 柴田書店出版部編《中華めん》柴田書店，一九七七年
4 日本食糧新聞社編《新即席めん入門》日本セルフサービス協会，一九八一年
5 林家木久藏《なるほど・ラーメン》かんき出版，一九八一年
6 東海林さだお《ラーメン大好き》冬樹社，一九八二年
7 奧山伸《たかがラーメン、されどラーメン》主婦の友社，一九八二年
8 全日本ラーメン同好会《ラーメンの本★人生を 10 倍たのしくする》双葉社，一九八二年
9 日本ラーメン研究会編《ラーメン　ミニ博物館》東京経済新報社，一九八五年
10 林家木久藏《木久蔵のラーメン塾》三修社，一九八五年
11 嵐山光三郎《インスタントラーメン読本》新潮社，一九八五年
12 エーシーシー編《めんづくり味づくり明星食品 30 年の歩み》明星食品，一九八六年
13 北海道新聞社編《さっぽろラーメンの本》北海道新聞社，一九八六年
14 森枝卓士《全アジア麵類大全》旺文社，一九八六年
15 小菅桂子《にっぽんラーメン物語》駸々堂出版，一九八七年
16 朝日ソノラマ編《インスタント・ラーメン 30 年驚異の年間 46 億食》朝日ソノラマ，一九八七年
17 雁屋哲《美味しんぼの食卓》角川書店，一九八七年
18 麵 's CLUB 編《ベストオブラーメン》文藝春秋，一九八九年
19 井口弘哉《究極の 3 分間ラーメン党大集合》双葉社，一九八九年
20 森枝卓士《アジア・ラーメン紀行》德間書店，一九九〇年
21 コピー食品研究会編《ラーメンの秘密》雄鶏社，一九九一年
22 森枝卓士《ラーメン三昧》雄鶏社，一九九一年
23 全日本ラーメン学会編《ラーメン　味にこだわる雑学》勁文社，一九九三年
24 越智宏倫《ラーメンの底力　スープと麵は若さの素》講談社，一九九四年

82 ＮＨＫ取材班《人間は何を食べてきたか　麺・イモ・茶》日本放送出版協会，一九九〇年
83 尾辻克彥《ぱくぱく辞典》中央公論社，一九九一年
84 石毛直道《文化麵類学ことはじめ》フーディアム・コミュニケーション，一九九一年
85 村松友視《昭和生活文化年代記 4　40 年代》TOTO 出版，一九九一年
86 安藤百福《苦境からの脱出　激変の時代を生きる》フーディアム・コミュニケーション，一九九二年
87 日本経済新聞社編《徹底分析長生き商品の秘密》日本経済新聞社，一九九二年
88 吉成永編《歴史読本特別増刊・事典シリーズ（第 17 号）たべものの日本史総覧》新人物往來社，一九九二年
89 小菅桂子《水戸黄門の食卓》中央公論社，一九九二年
90 日清食品編《食足世平 日清品社史》日清食品，一九九二年
91 日本経済新聞社編《九州この土地あの味》日本經濟新聞社，一九九三年
92 岡田哲《コムギ粉の食文化史》朝倉書店，一九九三年
93 周達生《中国食探検　食の文化人類学》平凡社，一九九四年
94 石毛直道編《文化類麵學 麵談》フーディアム・コミュニケーション，一九九四年
95 尹瑞石《韓国の食文化史》ドメス出版，一九九五年
96 中村喬《中国の食譜》平凡社，一九九五年
97 石毛直道《食の文化地理　舌のフィールドワーク》朝日新聞社，一九九五年
98 塚田孝雄《食悦奇譚——東西味の五千年》時事通信社，一九九五年
99 岡田哲《日本の味探求事典》東京堂出版，一九九六年
100 根津清《東南アジア丸かじり》ダイヤモンド社，一九九六年
101 石川文康《そば打ちの哲学》筑摩書房，一九九六年
102 菅原一孝《横浜中華街探検》講談社，一九九六年
103 張競《中華料理の文化史》筑摩書房，一九九七年
104 小菅桂子《近代日本食文化年表》雄山閣，一九九七年
105 鄭大聲等《韓国家庭料理入門》農山漁村文化協会，一九九八年
106 読売新聞社横浜支局《横浜中華街物語》アドア出版，一九九八年
107 岡田哲《コムギ粉料理探求事典》東京堂出版，一九九九年
108 嵐山光三郎《文人惡食》新潮社，二〇〇〇年
109 岡田哲《コムギの食文化を知る事典》東京堂出版，二〇〇一年

51 足立勇等《日本食物史（上）》雄山閣，一九七三年
52 茂出木心護《洋食や》中央公論社，一九七三年
53 茂出木心護《たいめいけんよもやま噺》文化出版局，一九七七年
54 池波正太郎《散歩のとき何か食べたくなって》平凡社，一九七七年
55 田辺聖子《ラーメン煮えたもご存じない》新潮社，一九七七年
56 小島政二郎《天下一品　食いしん坊の記録》光文社，一九七八年
57 日本風俗史学会編《日本風俗史事典》弘文社，一九七九年
58 深場久《四海楼物語》西日本新聞社，一九七九年
59 小田聞多《めんの本》食品産業新聞社，一九八〇年
60 日本食糧新聞社編《新・即席めん入門》日本食糧新聞社，一九八一年
61 西園寺公一《蟹の脚が痒くなる季節》講談社，一九八一年
62 寺尾善雄《中国伝来物語》河出書房新社，一九八二年
63 《軍隊調理法　復刻版》講談社，一九八二年
64 鄭大聲《朝鮮の食べもの》築地書館，一九八四年
65 星野龍夫《食は東南アジアにあり》弘文堂，一九八四年
66 邱永漢《食指が動く》日本経済新聞社，一九八四年
67 札幌市教育委員会文化資料室編《さっぽろ文庫 31　札幌食物誌》北海道新聞社，一九八四年
68 安藤百福編《食足世平　日本の味探訪》講談社，一九八五年
69 丁秀山《丁さんの食談—中国料理のおいしい話と作り方》筑摩書房，一九八六年
70 コア編集部編《食のエッセイ珠玉の 80 選》コア出版，一九八六年
71 味の素食文化史料室編《食文化に関する用語集（麵類）》味の素食文化史料室，一九八六年
72 槙浩史《韓国名菜ものがたり》鎌倉書房，一九八七年
73 まぶい組編著《波打つ心の沖縄そば》沖縄出版，一九八七年
74 田中静一《一衣帯水 中国料理伝来史》柴田書店，一九八七年
75 下中弘編《世界大百科事典》平凡社，一九八八年
76 前川健一《東南アジアの日常茶飯》弘文堂，一九八八年
77 安藤百福《麵ロードを行く》講談社，一九八八年
78 有賀徹夫《日本大百科全書》小學館，一九八八年
79 韓品惠《韓国料理》旭屋出版，一九八九年
80 石毛直道《面談たべもの誌》文藝春秋，一九八九年
81 石毛直道等編《食の文化シンポジウム　昭和の食》ドメス出版，一九八九年

年	事件
一九四六年（昭和二十一年）	津田茂在博多車站前開設中華麵「紅暖簾」路邊攤。
一九四七年（昭和二十二年）	道岡綱於鹿兒島開設中華麵「昇屋」。
一九四八年（昭和二十三年）	大宮守人開設「味之三平」，於拉麵裡加入豆芽菜。
一九五〇年（昭和二十五年）	於《西洋料理與中華料理》首見「拉麵」的記載。
一九五四年（昭和二十九年）	花森安治撰寫的「札幌一拉麵之都」文章廣受好評。
一九五五年（昭和三十年）	長濱拉麵於博多誕生，自創續麵的服務。大宮守人發明「味噌拉麵」。
一九五八年（昭和三十三年）	安藤百福發明泡麵，宣告速食食品時代的到來。
一九六〇年（昭和三十五年）	速食泡麵造成熱潮。
一九六五年（昭和四十年）	業者於高島屋百貨（東京與大阪）舉辦北海道物產展，宣傳「札幌拉麵」。
一九七一年（昭和四十六年）	安藤百福發明了劃時代性產品「杯麵」，速食拉麵從國民美食躍升成為國際美食。
一九七七年（昭和五十二年）	引發沾麵熱潮。
一九九四年（平成六年）	新橫濱拉麵博物館開館。
一九九七年（平成九年）	世界拉麵協會成立。

拉麵大事記

年	事件
一八七二年（明治五年）起	柳麵的路邊攤開始在橫濱的華僑居留地現身。
一八七九年（明治十二年）	支那料理店「永和」於東京築地開張。
一八八三年（明治十六年）	支那料理店「偕樂園」與「陶陶亭」於東京開張。
一八九九年（明治三十二年）	陳平順在長崎發明了長崎強棒麵與燴麵。
一九〇〇年（明治三十三年）	長谷川伸在橫濱居留地被柳麵的魅力所吸引。
一九一〇年（明治四十三年）	大眾支那蕎麥屋始祖「來來軒」於東京淺草公園開張。
一九一三年（大正二年）	田中宏出版《田中式豬肉二百種》。
一九一八年（大正七年）	《海軍主計兵調理術教科書》記載了「五色炒麵」與「蝦仁麵」的製作方法。
一九二二年（大正十一年）	「竹家食堂」於札幌的北海道大學正門前開張。
一九二三年（大正十二年）	關東大地震後，支那蕎麥屋路邊攤開始盛行。
一九二五年（大正十四年）	藩欽星在福島的喜多方開設支那蕎麥屋「源來軒」。
一九二六年（大正十五年）	山田政平《新手也能製作的支那料理》，暢銷再版。
大正年間	引發支那料理熱潮。
一九二八年（昭和三年）	大東京支那蕎麥製造零售公會正式成立（支那蕎麥屋有四百四十四家，每碗售價 10 錢）。 吉田誠一出版《美味又實惠的支那料理製作法》
一九二九年（昭和四年）	《料理相談》中首見「支那蕎麥」的名稱。
昭和四年起	家用料理書籍開始出現「中華蕎麥湯麵」的做法。
昭和五年起	札幌的咖啡廳盛行拉麵。
一九三七年（昭和十二年）	宮本時男於久留米車站前開設支那蕎麥路邊攤，之後開設「東京千兩」拉麵店。 陸軍的《軍隊調理法》記載水煮火腿與鹹豬肉的做法。
一九四五年（昭和二十年）	日本人陸續從中國撤回，傳入中國的中華麵（支那蕎麥）與餃子。

從「家用食譜」窺見拉麵變遷

年號／出處／出版社	料理名稱	主要材料
一九〇九年（明治四十二年）柴田波三郎《應用於日本家庭的支那料理法》（日本家庭研究會）	雞絲麵（雞肉烏龍）	雞蛋烏龍麵、雞肉、香菇、竹筍、菠菜、醬油、鹽、胡椒
一九一三年（大正二年）田中宏《田中式豬肉調理二百種》（博文館）	五目麵	烏龍麵、豬里肌肉、香菇、竹筍、水煮蛋、豬油、蔥、生薑、蝦仁、四季豆、醬油、鹽、雞骨
	鹹豬肉湯麵	素麵、鹹豬肉、柴魚片、味醂、醬油
一九二五年（大正十四年）的場英編《家用支那料理》（大阪烹飪學校）	南京蕎麥	蕎麥麵、豬肉、香菇、蔥、菠菜、魚板、湯頭、麻油、味醂、醬油
一九二六年（大正十五年）山田政平《新手也能製作的支那料理》（婦人之友社）	切麵的做法	支那麵（日本烏龍麵＋鹼水）
	淨麵	僅添加切碎的蔥花
一九二六年（大正十五年）小林定美《支那料理與西洋料理》（三進堂）	支那麵的做法	麵粉＋鹽＋鹼水（或是洗滌用蘇打）
一九二六年（大正十五年）山田政平《珍味支那料理法》（大文館書店）	支那麵的做法	麵粉＋鹽＋鹼水＋太白粉
	廣東麵	支那麵、蟹肉、竹筍、日本蔥、青豆、大骨湯、胡椒、醬油
一九二八年（昭和三年）山田政平《美味又實惠的支那料理製作法》（博文館）	麵的製作法	麵粉、雞蛋、鹼水（可從支那雜貨店購入）　★切麵製作法
	拉麵的製作法	麵粉、鹼水、手延麵
一九二九年（昭和四年）《料理相談》（味之素本舖鈴木商店出版部）	支那蕎麥	麵粉＋水煮蛋＋鹼水＋味精＋太白粉、豬骨（雞骨肉）、湯頭、醬油、鹽、味精、蔥、西洋胡椒
	支那燒蕎麥	支那麵、豬肉、蟹肉、水煮蛋、竹筍、長蔥、麵粉、鹽、胡椒、味精、醋、豬油
	冷蕎麥	煮熟的支那麵＋醋＋砂糖＋冰塊、叉燒、小黃瓜、醋醃蕗蕎、竹筍、冷湯頭、醬油、醋、胡椒、味精

年號／出處／出版社	料理名稱	主要材料
一九二九年（昭和四年）山田政平《四季支那料理》（味之素本舖鈴木商店出版部）	切麵	支那烏龍（麵粉＋水煮蛋＋鹽＋鹼水或小蘇打）
	淨麵（掛蕎麥）	支那麵、蔥
一九三〇年（昭和五年）新井兵吾編《西洋料理支那料理》（大日本雄弁會講談社）	支那蕎麥（光麵）	支那麵、竹筍、蔥、高湯、醬油、砂糖、胡椒、酒
一九三三年（昭和八年）新井兵吾編《輕鬆製作的三百種支那料理》（大日本雄弁會講談社）	支那蕎麥的做法	切麵（麵粉＋水煮蛋＋鹽＋鹼水）
	掛蕎麥（淨麵）	切麵、高湯、鹽、醬油、長蔥、胡椒、山椒
	湯蕎麥（涼拌湯麵）日本笊蕎麥風	支那麵、火腿、雞肉、叉燒肉、芝蝦、香菇、水煮蛋、萵苣、湯頭、鹽、醬油、味精
一九三四年（昭和九年）新井兵吾編《在家輕鬆製作的東京大阪知名料理做法》（大日本雄弁會講談社）	支那蕎麥（東京／雷正軒）	支那麵、叉燒肉、筍乾、蔥、淺草海苔、豬皮膜骨、雞骨、醬油
	叉燒麵（大阪／阪急食堂）	支那麵、叉燒肉、豆芽菜、青蔥、雞骨、淡味醬油
一九四七年（昭和二十二年）山田政平《一百六十種中華料理做法》	切麵（中華麵）	麵粉＋鹽＋小蘇打（或是洗滌蘇打）＋澱粉 ①加入高湯 →湯麵 ②麵條水洗降溫 →涼麵 ③下鍋炒 →炒麵
	淨麵（中華湯麵）	中華麵、湯頭、鹽、醬油、蔥
	火腿涼麵（冷蕎麥與加上火腿）	中華麵、火腿、醋、醬油、砂糖、薑汁
一九五〇年（昭和二十五年）大島濱子等《中華菜》（至誠堂）	湯麵	切麵（麵粉＋小蘇打＋鹽＋水煮蛋＋太白粉）、芝蝦、泡水蔥花、火腿、綠色蔬菜、辣椒、高湯

年號／出處／出版社	料理名稱	主要材料
一九五〇年（昭和二十五年）《西洋料理與中華料理》（主婦之友社）	切麵的做法	道地的「中華蕎麥」做法 麵粉＋水煮蛋＋鹽＋鹼水（或是洗滌蘇打或小蘇打）、手粉（太白粉）、切麵、水煮蛋、太白粉
	淨麵	淨麵又稱為拉麵，類似中華湯麵，雖然味道簡單，是深受中華蕎麥愛好者喜歡的麵食 切麵、蔥、高湯粉、鹽、醬油 在煮好的麵條上淋上湯汁，再撒上蔥花與山椒粉
	叉燒麵	在淨麵上面放上叉燒肉
	火腿麵	在麵條上面放上火腿
一九五二年（昭和二十七年）似內芳重《中華料理獨習書》（主婦之友社）	中華麵的做法	切麵（麵粉＋水煮蛋＋鹽＋水＋太白粉）
	拉麵	中華麵、竹筍、蔥、海苔、生薑、高湯粉、鹽、胡椒
	叉燒麵	中華麵、叉燒肉、豌豆、蔥、生薑、高湯粉、醬油、鹽、砂糖、胡椒
	冷蕎麥（涼拌湯麵）	火腿、芝蝦、水煮蛋、竹筍、蔥、香菇、豌豆、高湯粉、醋、醬油、砂糖、鹽、胡椒
一九五二年（昭和二十七年）《冬季千種家常菜》（主婦之友社）	長崎強棒麵	香菇、豆芽菜、鳴門卷魚板、豌豆、干貝、芝蝦、胡蘿蔔、生薑、蛋絲、香菇浸泡過的湯汁、豬油、鹽、胡椒、太白粉
	燴麵	中華蒸麵，其他配料與強棒麵相同
一九五九年（昭和三十四年）住江金之編《國際料理全書》（白桃書房）	切麵的做法	中華麵一球（麵粉＋鹽＋小蘇打＋水煮蛋＋太白粉）
	拉麵（柳麵）	中華麵一球、筍乾、豬油、蔥、湯頭（高湯）、醬油、味精、胡椒
	叉燒麵	拉麵、叉燒肉、筍乾、綠色蔬菜

年號／出處／出版社	料理名稱	主要材料
一九六〇年（昭和三十五年）《家庭中國料理獨習書》（同志社）	中華麵的做法	麵粉＋鹼水（或是小蘇打）＋水煮蛋＋太白粉
	拉麵	中華麵、五花肉、高麗菜、生薑、水煮蛋、烤海苔片、高湯、酒、香油、豬油、調味料
	叉燒麵	中華麵、豬腿肉、湯頭、雞骨、柴魚片、蔥、生薑、酒、食品用紅色素、豬油、調味料
一九六七年（昭和四十二年）御廚良子《家庭料理入門》（大和書房）	①湯蕎麥	
	拉麵	中華生麵、叉燒肉、鳴門卷魚板、菠菜
	叉燒麵	湯頭、蔥、薑、醬油、香油、胡椒、味精、中華生麵
	五目蕎麥	豬肉、竹筍、香菇、白菜、蔥、油、芝蝦、水煮蛋、荷蘭豆、高湯粉、鹽、醬油、胡椒、味精
	②冷蕎麥	
	冷蕎麥	中華生麵、叉燒肉、火腿、水煮蛋、小黃瓜、洋菜條、湯頭、醬油、鹽、醋、砂糖、味精、芥末、蔥、紅薑、白芝麻
	③炒麵	
	軟炒麵	中華蒸麵、豬肉、竹筍、洋蔥、胡蘿蔔、香菇、荷蘭豆、薑、豬油、香油、醬油、砂糖、胡椒、味精
	硬炒麵	中華蒸麵、豬肉、竹筍、高麗菜、香菇、小黃瓜、蔥、薑、豬油、香油、醬油、酒、鹽、胡椒、味精、太白粉

原來，這才是
拉麵
身世、流派、職人魂
尋訪日本拉麵的文化底蘊、烹調演變與極上進化

作　　者　岡田哲
翻　　譯　楊家昌

責任編輯　蔡穎如
封面設計　兒日設計
內頁編排　林詩婷

行銷企劃　辛政遠
　　　　　楊惠潔
總 編 輯　姚蜀芸
副 社 長　黃錫鉉
總 經 理　吳濱伶
首席執行長　何飛鵬

出　　版　創意市集
發　　行　英屬蓋曼群島商家庭傳媒股份有限公司城邦分公司
Distributed by Home Media Group Limited Cite Branch
地　　址　104 臺北市民生東路二段141號7樓
7F No. 141 Sec. 2 Minsheng E. Rd. Taipei 104 Taiwan

讀者服務專線　0800-020-299 周一至周五09:30～12:00、13:30～18:00
讀者服務傳真　(02)2517-0999、(02)2517-9666
E-mail　service@readingclub.com.tw
城邦書店　城邦讀書花園www.cite.com.tw
地　　址　104臺北市民生東路二段141號7樓
電　　話　(02) 2500-1919　營業時間：09:00～18:30

ISBN　978-626-7149-27-0
版　　次　2023年1月初版一刷
定　　價　新台幣400元 / 港幣133元

製版印刷　凱林彩印股份有限公司

國家圖書館預行編目(CIP)資料

原來，這才是拉麵！身世、流派、職人魂，尋訪日本拉麵的文化底蘊、烹調演變與極上進化 / 岡田哲 著；楊家昌 譯. -- 初版. -- 臺北市：創意市集出版：英屬蓋曼群島商家庭傳媒股份有限公司城邦分公司發行，2023.01
　面；　公分
ISBN 978-626-7149-27-0（平裝）

1. 飲食風俗　2. 麵　3. 歷史　4. 日本

538.7831　　111015086

香港發行所　城邦（香港）出版集團有限公司
香港灣仔駱克道 193 號東超商業中心 1 樓
電話：(852) 2508-6231
傳真：(852) 2578-9337
信箱：hkcite@biznetvigator.com

馬新發行所　城邦（馬新）出版集團
41, Jalan Radin Anum, Bandar Baru Sri Petaling,
57000 Kuala Lumpur, Malaysia.
電話：(603) 9056-3833
傳真：(603) 9057-6622
信箱：services@cite.my